Köstliche GESCHENKE

Lilo

Sonja Koch

Köstliche GESCHENKE

Mit 70 Rezepten,
exklusiv fotografiert
für dieses Buch von
Hans Joachim Döbbelin

SIGLOCH
EDITION

Inhalt

Die Kunst des Schenkens

Das Einfachste der Welt scheint uns heute nicht mehr leichtzufallen, das Schenken. Was soll man schenken in einer Zeit, in der es keinen Mangel mehr gibt, in der alle Bedürfnisse, zumindest die materiellen, gestillt sind, in einer Zeit, in der alles verfügbar, käuflich ist, und zudem auch noch massenweise in den Regalen der Supermärkte steht? Natürlich möchte der, der schenkt, eine Freude bereiten, seine Zuneigung zeigen, ja seiner Liebe Ausdruck verleihen. Doch wie oft ist das Schenken zu einer lästigen Verpflichtung verkommen, die von äußeren Zwängen wie etwa dem Kalender diktiert wird. Und nicht selten stehen wir vor der Frage: Was schenke ich jemandem, der doch eh schon alles hat?

In Zeiten des Überflusses liegt auch immer die Gefahr, zu viel, zu groß und zu teuer zu schenken. Das richtige Maß zu finden für den jeweiligen Anlaß, ist genauso schwierig wie die zündende Idee zu haben. Oft bleibt bei überzogenen Geschenken beim Beschenkten das Gefühl zurück, sich mit einem ebenso teuren und aufwendigen Geschenk revanchieren zu müssen.

Doch das Schenken scheint etwas sehr Wichtiges zu sein. Geschenke können ausdrücken, was flüchtige Worte nicht zu sagen vermögen. Im Geschenk liegt etwas Symbolhaftes, etwas Bleibendes, das über Worte, über Komplimente, über Liebesbeteuerungen hinausgeht. Geschenke machen sichtbar, in welcher Beziehung wir zu unseren Mitmenschen stehen, mehr als dies Worte vermögen. Und gerade diese verdinglichte Zuneigung, die das Geschenk ja eigentlich ist, macht es für uns auch so schwierig, das richtige Geschenk zu finden.

Beim Schenken sind immer zwei Seiten beteiligt, der zu Beschenkende und natürlich auch der, der schenken möchte. So bleibt es nicht aus, daß der, der schenken möchte, in seinem Geschenk auch immer sich mit hineindenkt, indem er sich – wahrscheinlich unbewußt – fragt: Über was würde ich mich freuen? Was würde mir gefallen? Würde ich mich gerade darüber freuen? Daher kommt, daß ein Geschenk über den, der es gibt, mindestens genauso viel aussagt, wie über den, der es bekommt. Sicherlich hatte Joachim Ringelnatz recht, als er reimte: „Schenk mit Geist, ohne List. Sei eingedenk, daß dein Geschenk du selber bist."

Wer sich dessen bewußt ist, der wird sich bei der Auswahl der Geschenke sicher mehr Mühe geben, was nicht bedeutet, daß er mehr Geld dafür ausgeben muß. Im Gegenteil, wer individueller schenken möchte, wird mit weniger mehr erreichen können, denn gerade das Unverwechselbare, das Einzigartige, das nicht überall zu kaufen ist, macht das Besondere eines Geschenkes aus. Und nur, indem wir beim Schenken die Massenware vermeiden, zeigen wir, daß der zu Beschenkende und unsere Beziehung zu ihm unverwechselbar und einzigartig sind.

Wenn wir beim Schenken immer auch uns selbst mit einbringen, dann am ehesten, wenn wir Selbstgemachtes verschenken. Und wenn es stimmt, daß Liebe durch den Magen geht – und alle Anzeichen sprechen dafür – dann scheinen doch eßbare Geschenke die idealen

Geschenke zu sein: Damit können wir etwas Einzigartiges schenken, das über seinen rein materiellen Wert hinausgeht, und wir geben etwas von uns selbst, indem es aus unseren eigenen Händen nach unseren eigenen Ideen entstanden ist. Gleichzeitig erfreuen wir den zu Beschenkenden mit etwas, das ein sinnliches Erlebnis verspricht. Und vielleicht sind Geschenke aus der eigenen Küche auch deshalb die besten Geschenke, weil Genuß flüchtig ist, nur von kurzer Dauer, und deshalb eben von ganz besonderem Wert.

Für das Schenken gibt es unendlich viele Beweggründe. Nicht nur die ganz persönlichen Festtage wie Geburtstag, Namenstag oder andere Jubiläen, die offiziellen Feiertage wie Ostern und Weihnachten, bei denen traditionsgemäß Geschenke überreicht werden, sondern auch die vielen kleinen Anlässe wie die Einladung zu einem Fest, zum Grillen, zum Einzug ins neue Haus oder die neue Wohnung, zum Kaffeeklatsch oder zum Brunch, und nicht zu vergessen, aber fast schon aus der Mode gekommen, der Krankenbesuch. Und am allerschönsten ist es natürlich, aus keinem besonderen Anlaß zu schenken, sondern aus dem puren Vergnügen, jemandem im Alltag eine Freude zu bereiten.

Geschenke aus der Küche

In der Küche können wir für jeden Anlaß, jede Gelegenheit und jede Person ein passendes und einzigartiges Geschenk anfertigen. In der eigenen Küche haben wir aber auch die Gelegenheit, uns bei der Herstellung intensiv mit dem Geschenk und mit dem Beschenkten zu befassen und ihm oder ihr all unsere guten Wünsche mit „einzukochen". Jedem, der etwas Selbstgekochtes, Eingemachtes, Eingelegtes, Gebackenes an seinem Festtag überreicht bekommt, wird sicher bewußt werden, daß viel Zeit, Überlegung und Mühe in diesem kleinen, aber feinen Geschenk steckt. Jeder, der ein solches Geschenk in Händen hält, wird sich zuerst darüber freuen, daß der Schenkende ihm seine Zeit, die er für die Herstellung brauchte, mitgeschenkt hat. Ein über Stunden in der Küche zubereitetes Geschenk hat eben einen ganz besonderen Wert. Immerhin leben wir in einer Zeit, in der Zeit immer knapp ist, vieles uns streßt und die Zeit uns davonläuft.

Zeit aber kostet es, ein Geschenk in der Küche anzufertigen, es zu planen, die Zutaten einzukaufen, die Geräte bereitzustellen, das Rezept anzufertigen, die Geräte wieder zu reinigen, die restlichen Zutaten wegzustellen und – ganz wichtig – dem Geschenk aus der eigenen Küche eine liebevolle Verpackung zu verleihen.

Unabhängig von den vielen emotionalen Eigenschaften des selbstgemachten Geschenkes trägt dieses auch viele praktische Vorteile mit sich. Viele Geschenke werden sehr viel günstiger und oft auch ökologischer. Darüber hinaus sind Geschenke aus der eigenen Küche wirklich ganz individuell auf den zuzuschneiden, der es erhalten soll, vor allem, wenn wir die kulinarischen Vorlieben unserer Mitmenschen kennen. Außerdem können wir mit unseren selbstgekochten Geschenken auch zeigen, daß wir Könner in der Küche sind. Geschenke aus der Küche sind eben nicht von der Stange.

Wer Geschenke herstellen möchte, sollte sich immer darüber bewußt sein, daß auf die Haltbarkeit geachtet werden muß. Schon von daher sind gewisse kurzlebige Lebensmittel nicht für diesen Zweck geeignet. Ein weiteres Kriterium ist, ob sie sich transportieren lassen: Wer schon einmal eine kompliziert verzierte Cremetorte im Auto an ihren Bestimmungsort bringen wollte und beim Auspacken von einem Cremedesaster überrascht wurde, kann ein Lied davon singen. Also müssen wir darauf achten, daß unsere selbstzubereiteten Geschenke bis zu einem gewissen Grad fest sind oder sich leicht in einer soliden Verpackung befördern lassen.

Eingemachtes und Eingelegtes

Die klassischen Geschenke aus der Küche, die sowohl haltbar als auch gut zu transportieren sind, sind natürlich all die Dinge, die sich in Gläsern konservieren lassen. Marmeladen, Gelees, Chutneys, Brotaufstriche, Schmalz, aber auch Säfte, Liköre, alles, was in Alkohol aromatisiert und auch haltbar gemacht werden kann, eignet sich für die Geschenkeküche. Wir alle wissen, daß die Massenware aus den Regalen der Supermärkte den selbstgekochten Marmeladen oder Konfitüren nie

und nimmer das Wasser reichen kann. Zudem schlägt der, der Früchte aus dem eigenen Garten erntet, mehrere Fliegen mit einer Klappe. Er kann in Zeiten der Ernte beim Einkochen sich einen eigenen und einen Vorrat an köstlichen Geschenken anlegen und ist so bei überraschenden Anlässen mit dem Selbstgemachten immer gerne gesehen. Außerdem haben die Geschenke, die aus den Früchten des eigenen Gartens gezaubert wurden, den Vorteil, daß man wirklich weiß, was darin enthalten ist, und so kann man garantieren, daß es biologisch angebaut und keinesfalls mit chemischen Zusatzstoffen verunreinigt wurde.

Nun gibt es in der eigenen Küche natürlich viel mehr Möglichkeiten, Marmeladen, Konfitüren oder andere Brotaufstriche herzustellen, die im Handel nicht oder nur sehr selten zu kaufen sind. Wo gibt es denn Hagebuttenmarmelade, Quittengelee, Feigenmarmelade oder Holunderbeermarmelade, die zudem noch so individuell gewürzt sind, wie die nach eigenen Rezepten zubereiteten?

Doch Eingelegtes und Eingemachtes kann auch Liebhaber von Pikantem, Deftigem oder Scharfem erfreuen, denn nicht nur Früchte oder Obst finden in Gläsern ihre Reife- und Wartezeit, sondern auch Fleisch, Schmalz oder Wurst kann selbstzubereitet und konserviert auf den großen Augenblick warten, in dem es Augen, Herz, Gaumen und Magen des zu Beschenkenden erfreuen darf.

Pralinen und Konfekt

Süßes zu verschenken, das in kleinen Happen hübsch verziert wird, hat eine lange Geschichte. Pralinen und Konfekt selbst herzustellen ist nicht ganz einfach und erfordert etwas Feingefühl und Geduld. Doch feines Selbstgemachtes aus der Zuckerküche eignet sich ideal zum Verschenken, denn die kleinen Leckerbissen lassen sich leicht und phantasievoll verpacken und sind außerdem in der Regel haltbar, zudem von fester Konsistenz und somit leicht zu transportieren. Pralinen und Konfekt eignen sich für alle Arten von Anlässen rund ums Jahr, am ehesten aber für die ganz persönlichen Festtage und Jubiläen.

Gebackenes von süß bis pikant

Vom deftigen Sauerteigbrot bis zu feinen Petits fours reichen die Dinge, die im Backofen unter großer Hitze heranwachsen und wegen ihrer relativen Haltbarkeit und ihrer festen Form zum Verschenken bestens geeignet sind. Viele Gebäcke haben aus Tradition jahreszeitliche Bezüge, so etwa die Advents- und Weihnachtsbäckerei oder die Hefeteiggebäcke zu Ostern. Gebäck läßt sich aber durch die Formbarkeit von Teig ganz individuell gestalten und kann so zurechtgeknetet, geschnitten, gerollt oder ausgestochen werden. Man denke dabei an Neujahrsringe, Hufeisen, Gebäck, das zu einer Zahl geformt wurde oder Buchstabengebäcke, mit denen sich der Namenszug des Jubilars oder sein Tierkreiszeichen gestalten läßt. Natürlich auch Figuren, die sich auf die jahreszeitlichen Feiertage beziehen wie etwa Nikolausstiefel, Weihnachtsmänner oder Osterhasen in Gebäckform.

Das zu Brot gebackene Getreide, ist sicherlich eines der traditionellsten Geschenke für den Einzug in ein neues Haus oder eine neue Wohnung. In Verbindung mit Salz wird daraus ein sinnstiftendes, sehr symbolträchtiges Geschenk, das über sich selbst hinausweist und so den Wunsch überliefert, daß unter diesem Dach Brot und Salz nie ausgehen mögen.

Pasteten und Terrinen zählen zu den gebackenen Gerichten, auch wenn ihre Grundzutat nicht aus Mehl besteht. Sie sind zwar nicht so

einfach zu handhaben wie die relativ festen Gebäcke, doch in ihrer Form konstant, einige Tage haltbar und in dem Behältnis, in dem sie zubereitet wurden, auch gut zu transportieren. Terrinen und Pasteten sind allerdings in der Zubereitung aufwendig und zeitraubend, dafür aber auch wirklich etwas Außergewöhnliches und sicher ein willkommenes Geschenk für viele Anlässe.

Auf die Verpackung kommt es an

Geschenke sind keine Geschenke, wenn sie nicht verpackt werden. Denn dieser Überraschungseffekt gehört einfach zum Schenken dazu. Auch wenn oft die Form eines Geschenkes Schlüsse auf den Inhalt zuläßt, liegt in der Verpackung immer ein kleines Geheimnis, das es zu lüften gilt, und erst das Enthüllen dieses Geheimnisses macht einen Teil des Zaubers und der Freude aus.

Zudem erlauben uns die verschiedenen Verpackungen, das Geschenk so zu verkleiden, wie es zu dem Anlaß und zu dem, der das Geschenk erhalten soll, am besten paßt. Und wiederum verweist auch die Art der Verpackung auf den, der schenkt. Auch in der Auswahl, in der mehr oder minder aufgewendeten Sorgfalt und dem Einfallsreichtum der Verpackung zeigt der, der schenkt, seinen eigenen Charakter und seine Beziehung zum Beschenkten.

Bei Geschenken, die in der eigenen Küche entstanden sind, versteht es sich von selbst, daß man, soweit dies möglich ist, auch selbstgebastelte Verpackungen verwendet. Das heißt nicht, daß man dabei auf im Handel erhältliche Verschönerungen verzichten muß. Ganz wichtig ist, gewisse Regeln einzuhalten, damit Haltbarkeit und Geschmack nicht beeinträchtigt werden. Da Geschenke aus der eigenen Küche auch immer einen ganzheitlichen, ökologischen Aspekt in sich tragen, sollte man darauf achten, daß wiederverwertbare Verpackungen mit einbezogen werden oder daß man von vorneherein Verpackungen sammelt, die im Haushalt ständig anfallen und die sich zum Verpacken von Geschenken eignen.

Pralinenschachteln, Kartons, Boxen und Holzschachteln

In weiser Voraussicht gesammelt, erweisen sich alle Arten von Schachteln und Boxen aus Pappe, Holz oder Metall als hervorragende Verpackungen von Pralinen, Konfekt, Petits fours und Kleingebäck. Wenn man sie noch mit Seidenpapier, Stoffresten, Servietten oder Tüchern auskleidet, erhält man attraktive und auch saubere Verpackungen, in die man die kleinen Köstlichkeiten in Pralinenförmchen aus Stanniol oder Papier setzen kann.

Gläser von Konfitüren, Konserven, Kaffee oder Tee und Karaffen

Sie eignen sich für Konfitüren, Marmeladen, eingelegte Früchte, Brotaufstriche, Relishes oder Chutneys. Am geschicktesten sind Twist-off-Gläser oder Gläser mit einem Bügelverschluß, weil sie sich mühelos verschließen lassen. Mit einem hübschen Papier oder – noch schöner – mit einem Tuch lassen sich die Deckel attraktiv verstecken. Man kann natürlich auch Etiketten selbst beschriften und auf die Gläser kleben. Dabei wirkt es am persönlichsten, wenn Sie auf die Etiketten sich selbst oder den, der damit beschenkt werden soll, namentlich miteinbeziehen, oder indem Sie ein paar Angaben zu den Zutaten machen. Man kann sich natürlich auch eine witzige Beschriftung einfallen lassen oder das Etikett bemalen, bestempeln oder besprühen. Eine ganz besondere, aber etwas aufwendige Verpackung sind Gläser mit bestickten Abdeckungen, auf die die Früchte, die im Glas enthalten sind, gestickt wurden.

Flaschen von Essig, Ketchup, Saft oder Spirituosen
Darin lassen sich alle flüssigen Geschenke aus der Küche verschenken. Achten Sie darauf, daß wiederverwendete Flaschen peinlich sauber sind. Geeignet sind Flaschen mit Bügelverschluß oder mit Kork; im Handel gibt es außerdem unterschiedliche Korkverschlüsse zu kaufen, mit denen sich die Flaschen abwechslungsreich und sehr dekorativ verschließen lassen. Auch Flaschen kann man mit hübschen selbstbeschriebenen oder -bemalten Etiketten versehen.

Körbe und Obstkistchen
Sie eignen sich besonders zum Verschenken von Brot und Eingemachtem in Gläsern. Am schönsten wirken Körbe oder Kistchen, wenn man sie mit Küchentüchern, Kreppapier, Japanpapier, Gräsern, Getreide oder Blütenblättern auslegt.

Auflaufformen, Torten- und Backformen
Sie sind zum Verpacken von Kuchen und Torten, von Terrinen und Pasteten geeignet. Dabei läßt man das kulinarische Geschenk am besten gleich in der Form, in der man es hergestellt hat, und verschenkt diese mit.

Stoffe, Tücher, Servietten, Säckchen aus Jute, Leinen oder Nessel
Darin läßt sich alles verpacken, das nicht besonders geschützt werden muß, wie etwa Brot oder festes Gebäck. Stoff läßt sich außerdem anstatt Papier zum Einschlagen benützen, indem er mit Bändern, Schnur, Bast oder Spitze verschnürt wird. Verpackungen aus Stoff kann man mit ein wenig mehr Aufwand durch ge-

stickte Monogramme oder andere Motive, die auch aufgemalt oder geklebt werden können, noch persönlicher gestalten.

Das gewisse Etwas

Der persönlichen Kreativität und Phantasie sind für die Geschenk- und Verpackungsgestaltung keine Grenzen gesetzt. Komplettieren lassen sich die Verpackungen darüber hinaus mit Schleifen, Etiketten, Zetteln und Glückwunschbriefen – denn wer schreibt, der bleibt. Ein nettes Wort auf einem Stück Papier, ein selbstgemachtes Gedicht oder ein Spruch, ein Anhänger oder ein klitzekleines Büchlein mit dem Rezept des Geschenkes erfreut jeden. Bei dieser Gelegenheit können sogar Kinder miteinbezogen und aufgefordert werden, Geschenkeanhänger selbst zu basteln und zu bemalen. Auch kleine passende Zubehöre sind bei vielen Geschenken praktische und hübsche Ergänzungen, wie etwa bei einem Heringstopf eine Greifzange, bei einem Likör ein an der Flasche hängendes Likörgläschen oder bei der Marmelade ein Marmeladenlöffel. Last but not least, bedienen Sie sich beim Verpacken auch der Güter der Natur. Zweige, Blätter, Heu, Stroh, Gras und Steine können zur edlen Verzierung eines jeden Geschenkes dienlich sein.

Für ABC-Schützen

Buchstaben aus Mürbeteig

Zutaten für etwa 20 Buchstaben:
Für den Mürbeteig:
300 g Mehl, 1 Ei
100 g Zucker
1 Päckchen Vanillezucker
1 Messerspitze Salz, 1 TL Zimt
200 g kalte Butter
Für eine bunte Dekoration nach Belieben:
200 g Puderzucker
2½–3 EL Wasser
1 Packung Back- und Speisefarben
gehackte Pistazien, Zuckerblümchen, Gebäckschmuck, Dekorblüten, Schokoalphabet und -ziffern, Zuckerschrift, Schokoladenstreusel
Für eine Dekoration aus Schokolade und Nüssen:
Schokoladenkuvertüre braun und weiß
Nüsse, Mandeln, Rosinen, Pistazien, Krokant, Schokolinsen

Für den Mürbeteig: Das Mehl auf die Arbeitsfläche sieben, in die Mitte eine Mulde drücken. Das aufgeschlagene Ei in die Mulde gleiten lassen. Den Zucker und den Vanillezucker auf dem Mehl verteilen, ebenso das Salz und den Zimt. Zum Schluß die Butter in Flöckchen über das Mehl geben und alles mit einem großen Messer durchhacken. Dann rasch mit den Händen die Krümel zusammenfassen und zu einem glatten Teig formen. In Folie wickeln und 1 Stunde kühl stellen. Den Teig in 10 Teile teilen. Aus jedem Teil eine etwa 20 cm lange Rolle formen und zu einem Buchstaben legen. Auf ein mit Backpapier ausgelegtes Blech legen, die Buchstaben etwas flachdrücken. Im vorgeheizten Backofen bei 200 °C auf der mittleren Schiene 10 bis 15 Minuten backen. Herausnehmen und abkühlen lassen.

Für die Dekoration: Wer es gerne bunt möchte, verwendet Lebensmittelfarben zum Färben des Zuckergusses. Dafür den Puderzucker sieben und mit dem Wasser zu einem Zuckerguß verrühren. In vier Schälchen verteilen und nach Belieben mit Back- und Speisefarben in Tuben einfärben. Mit einem Pinsel die Buchstaben mit gefärbtem Zuckerguß bestreichen. Nach Belieben verzieren.

Wer die Buchstaben lieber mit Schokolade überziehen möchte, verwendet weiße und braune Schokoladenkuvertüre. Diese in Stücke brechen und im Wasserbad schmelzen. Mit einem Pinsel auf den Buchstaben verteilen. Solange die Kuvertüre noch weich ist, mit gemahlenen Nüssen, Mandeln, Rosinen, Pistazien, Krokant und Schokolinsen verzieren.

Zum Verschenken sollte man die Buchstaben, damit sie beim Transport nicht zerbrechen, auf einen großen Pappteller oder einen großen Kinderteller legen und dann mit Folie einschlagen. Wer mit einer ganz besonderen Verpackung aufwarten möchte, kann die Buchstaben anstatt auf einen Teller auf eine mit Folie ausgelegte Schiefertafel legen und die Buchstaben darauf ausbreiten. Die Tafel mit den Buchstaben dann großzügig mit Folie einschlagen, die vier Enden zu Zipfeln zusammenbinden und Marshmellows als Schwämmchen und Brausestangen als Kreide daranhängen.

Für kleine Leckermäulchen

Honigbär im Bett

Zutaten für 1 Stück:

Für den Teig:
100 g Honig
2 EL Zucker
40 g Butter
250 g Mehl
1 TL Backpulver
1 TL Zimt
½ TL gemahlener Piment
½ TL Nelkenpulver
1 Ei

Für die Arbeitsfläche:
Mehl

Für die Verzierung:
Nüsse
Schokoladenkuvertüre

Zum Mitbringen aus einem hübsch gemusterten Frotteetuch und einem Waschlappen, einem Küchentuch oder einer Stoffserviette für den Bär ein Bettchen falten, den Bär hineinlegen, daß der Kopf herausschaut und mit einer Schleife, Kordel oder Schnur um die Taille festbinden.

Zuerst den Honig, den Zucker und das Fett in einen Topf geben und alles mit einem Kochlöffel verrühren. Unter Rühren so lange erwärmen, bis sich der Zucker aufgelöst hat. Dann die Honigmischung abkühlen lassen. In der Zwischenzeit das Mehl, das Backpulver, den Zimt, das Piment- und das Nelkenpulver in eine Schüssel sieben. Die Honig-Zucker-Masse dazugeben und mit den Knethaken des Handrührgerätes oder mit den Händen das Ei darunterkneten, bis ein glatter Teig entstanden ist. Den Teig in Frischhaltefolie wickeln und für mindestens 2 Stunden oder über Nacht in den Kühlschrank legen. Dann den Teig auf einer bemehlten Arbeitsfläche dünn ausrollen. Mit Hilfe einer Schablone einen Bären von etwa 25 bis 30 cm aus dem Teig schneiden oder mit einer Form ausstechen. Backblech mit Backtrennpapier auslegen und den Bären darauflegen. In den vorgeheizten Backofen schieben und bei 175 °C etwa 12 bis 15 Minuten backen. Herausnehmen und auf einem Kuchenrost auskühlen lassen.
Für die Verzierung: Zum Schluß bekommt der Bär noch Augen und Nase aus Nüssen und Tatzen aus Schokoladenkuvertüre. Der fertige Teddy muß dann noch 1 Stunde lang trocknen.

Feines für Naschkatzen

Vanille-Sahne-Trüffel

Für etwa 30 Stück:

30 Stanniolkapseln
200 g Halbbitterkuvertüre zum Ausgießen
Für die Füllung:
1 Vanilleschote, 100 ml süße Sahne
50 g Butter, 75 g Vollmilchkuvertüre
75 g weiße Kuvertüre
100 g Halbbitterkuvertüre zum Verschließen
50 g Vollmilchkuvertüre zum Verzieren

Stanniolkapseln auf einen Gitterrost stellen, darunter Pergamentpapier legen. Die in Stücke gebrochene Halbbitterkuvertüre im Wasserbad schmelzen. Die Kapseln damit füllen. Nach etwa 2 Minuten Kapseln umdrehen und die Kuvertüre herauslaufen lassen. Nach weiteren 2 Minuten wieder umdrehen und kalt stellen. So bleibt nur eine dünne Hülle Kuvertüre in den Kapseln haften.

Für die Füllung: Die Vanilleschote der Länge nach aufschlitzen und das Mark herauskratzen. Die Sahne mit dem Vanillemark und der Schote einmal kurz aufkochen, Schote herausnehmen und die Butter darin schmelzen. Grob gehackte Kuvertüre (Vollmilch- und weiße Kuvertüre) zugeben und unter ständigem Rühren zu einer glatten Creme verarbeiten. Die Masse auf die Kapseln verteilen und erneut für etwa 2 Stunden kalt stellen. Die restliche Halbbitterkuvertüre schmelzen, in eine Pergamentspritztüte oder einen Spritzbeutel mit kleiner Lochtülle füllen und die Kapseln damit verschließen. Mit etwas geschmolzener Vollmilchkuvertüre Spiral-, Gitter-, Pünktchen- oder Streifenmuster auf die Trüffel spritzen.

Amarettotrüffel

Für etwa 50 Stück:

60 ml Mandellikör, 100 ml süße Sahne
je 50 g Butter und Kokosfett
300 g Vollmilchkuvertüre
150 g Marzipanrohmasse
50 g Puderzucker, 50 g Halbbitterkuvertüre
Für die Glasur:
je 50 g weiße und dunkle Kuvertüre

Mandellikör und Sahne erhitzen, aber nicht kochen lassen. Von der Kochstelle nehmen und sowohl Butter als auch Kokosfett darin schmelzen. Vollmilchkuvertüre in Stücke brechen und im Wasserbad schmelzen, unter die Likör-Sahne-Mischung rühren. Die Masse im Kühlschrank abkühlen lassen, sie darf nicht fest werden. Inzwischen Marzipan und Puderzucker verkneten und zwischen Klarsichtfolie 2 mm dick ausrollen, Folie abziehen. Die in Stücke gebrochene Halbbitterkuvertüre im Wasserbad schmelzen und das Marzipan damit bestreichen. Fest werden lassen. Die Platte umdrehen und Kreise von einem Durchmesser von etwa 2,5 cm ausstechen. Die Trüffelmasse hellschaumig schlagen. In einen Spritzbeutel mit kleiner Tülle füllen und auf die Marzipantaler spritzen. Kalt stellen.

Für die Glasur: Beide Kuvertüresorten getrennt schmelzen. Jeweils die Hälfte der Trüffel mit heller Kuvertüre, die andere Hälfte mit dunkler Kuvertüre überziehen. Dann fest werden lassen. Restliche Kuvertüre in eine Pergamenttüte füllen und die Trüffel damit mit einem Spiralmuster verzieren. Zum Verschenken in Papierkapseln legen.

Feines Konfekt

Gefüllte Datteln und Pflaumen

20 frische Datteln
20 Trockenpflaumen ohne Stein
250 g Marzipanrohmasse
125 g Kokosraspeln
40 ml Rum oder Weinbrand
20 g Puderzucker
300 g weiße Kuvertüre

Datteln aus der Schale lösen und mit dem Messer der Länge nach bis zur Hälfte aufschneiden und den Stein entfernen. Die Pflaumen ebenfalls der Länge nach bis zur Hälfte aufschneiden. Marzipan, 100 g Kokosraspeln, Rum oder Weinbrand und Puderzucker gut miteinander verkneten. Mit einem Teelöffel in die Fruchthälften füllen und gut festdrücken. Auf einem Kuchengitter etwa 2 Stunden fest werden lassen. Die Kuvertüre in Stücke brechen und im heißen Wasserbad schmelzen lassen. Restliche Kokosraspeln auf ein Pergamentpapier streuen. Früchte auf eine Pralinengabel spießen und jeweils zu zwei Dritteln in die Kuvertüre tauchen. Auf das Pergamentpapier setzen und im Kühlschrank fest werden lassen.

Zum Verschenken das Konfekt in Pralinenförmchen aus Papier setzen. Eine Span- oder Pappschachtel mit dunklem Seidenpapier oder einem dunklen feinen Stoff auslegen und die Förmchen hineinsetzen. Ganz extravagant wirkt eine Verpackung aus einem Strelicienblatt, auf das man das Konfekt legt und mit einer Kordel verziert.

Erdbeerkonfekt

500 g Erdbeeren mit Stiel
100 g zartbittere Schokolade
30 g Kokosfett

Die Erdbeeren mit Stiel vorsichtig waschen und trockentupfen. Die Schokolade mit dem Kokosfett in einem kleinen Topf in heißem Wasserbad geschmeidig rühren und die Erdbeeren zur Hälfte hineintauchen. Zum Trocknen auf Pergamentpapier legen.

Zum Verschenken das Erdbeerkonfekt in Porzellankörbchen geben, mit Schleifenband verzieren und in Cellophanpapier großzügig verpacken oder in Spankörbchen, Glasschalen oder Dosen geben und in Cellophanpapier verpackt überreichen.

Süße Aufstriche

Kiwi-Minz-Aufstrich (oben)

Zutaten für etwa 1 Liter:

60 g frische Minze
1 kg Kiwi
500 g Zucker
1 Beutel Gelfix 2+1

Minzblättchen abzupfen, waschen und mit ⅛ Liter kochendem Wasser übergießen, eine Viertelstunde ziehen lassen. Kiwi schälen, das Fruchtfleisch mit dem Pürierstab zerkleinern und mit dem Minz-Extrakt vermischen. 2 Eßlöffel Zucker und das Gelfix mischen, unterrühren. In einem großen Topf den Fruchtbrei bei starker Hitze unter ständigem Rühren zum Kochen bringen. Sobald er kocht, den restlichen Zucker zugeben, wieder zum Kochen bringen und 1 Minute sprudelnd kochen lassen. Sofort vom Herd nehmen und in saubere Twist-off-Gläser füllen, verschließen, auf den Kopf stellen und abkühlen lassen. Dieser Aufstrich ist ungeöffnet 6 Monate haltbar.

Zum Verschenken die Deckel der Twist-off-Gläser mit einem Tuch aus weißem Leinen oder einem anderen weißen Stoff bedecken und diesen mit einem grünen breiten Band befestigen. Einen Strauß frische Minze darunterstecken.

Aprikosenaufstrich (unten)

Zutaten für ein 250-ml-Glas:

200 g getrocknete ungeschwefelte Aprikosen
¼ Liter ungesüßter Apfelsaft
1 TL gemahlener Piment
1 EL Zitronensaft
1–2 EL Honig

Die Aprikosen in heißem Wasser waschen, dann grob zerschneiden. Die Aprikosenstücke mit dem Apfelsaft und dem Pimentpulver in einen Topf geben und langsam zum Kochen bringen. Die Aprikosen bei schwacher Hitze offen unter häufigem Rühren etwa 20 Minuten köcheln lassen, bis die Flüssigkeit fast verdampft ist. Die Aprikosenmasse mit dem Zitronensaft im Mixer pürieren. Den Aufstrich mit dem Honig süßen und auskühlen lassen. In ein Glas mit Twist-off-Deckel oder Bügelverschluß geben. Im Kühlschrank hält sich der Aprikosenaufstrich ungefähr 1 Monat. Er paßt gut zu gebutterten Brötchen.

Zum Verschenken ein selbstentworfenes Etikett auf das Glas kleben, auf dem die Zutaten für den Aprikosenaufstrich stehen. Mit einer Schleife einen Konfitürelöffel befestigen.

Aprikosenaufstrich
200 g getrocknete Aprikosen
1/4 l ungesüßter Apfelsaft
1 TL gemahlener Piment
1 EL Zitronensaft
1-2 EL Honig

Auf die feine englische Art

Apple Jelly

Zutaten für 2 Gläser mit 450 ml Inhalt:

1 kg Äpfel (z.B. Boskop)
2 ganze Nelken
2 unbehandelte Zitronen
etwa 500 g Gelierzucker (2:1)
4 TL gemischte, gehackte, frische Kräuter
(z.B. Salbei, Estragon, Minze, Rosmarin)

Die Äpfel waschen, kleinschneiden und mit den Nelken und der dünn abgeschälten Zitronenschale in einem Topf mit 1 Liter Wasser zum Kochen bringen. Deckel auflegen und bei kleiner Flamme etwa 20 bis 30 Minuten köcheln lassen. In ein Küchen- oder Mulltuch geben, aufhängen, Topf darunterstellen und Saft über Nacht auffangen. Durch Drücken auch noch den letzten Saft herauspressen. Zitronensaft und die entsprechende Menge Gelierzucker dazugeben und zum Kochen bringen. Offen etwa 5 Minuten aufkochen lassen, Gelee vom Herd nehmen und kurz abkühlen lassen. Die kleingehackten Kräuter dazugeben, umrühren und in Twist-off-Gläser oder Gläser mit Bügelverschluß und Gummiring füllen.

Englische Zitronencreme

Zutaten für 2 Gläser mit 250 ml Inhalt:

3 unbehandelte Zitronen
75 g Butter
3 Eier
225 g Zucker

Die Schale von den gewaschenen, abgetrockneten Zitronen abreiben, den Saft auspressen. Weiche Butter und Eier mit den Quirlen des Handrührers schaumig schlagen. Zucker, Zitronenschale und -saft zugeben. Inhalt im Wasserbad so lange weiterschlagen, bis die Masse dicklich geworden ist, aber auf keinen Fall kochen lassen, weil sonst das Eiweiß gerinnt. Die Creme in gut ausgespülte, vorgewärmte Gläser füllen und mit Twist-off-Deckeln oder Einmachhaut verschließen. Diese Creme ist im Kühlschrank 4 Wochen haltbar.

Zum Verschenken ein Etikett aus schönem Papier je nach Inhalt mit Äpfeln oder Zitronen bemalen und beschriften. Zusammen mit selbstgebackenen englischen Scones in ein Brotkörbchen legen oder in eine englische Keksdose stellen.

Apple-Jelly
Zitronen-Creme

Liköre

Eierlikör mit Whisky (rechts)
Zutaten für 1 Liter:

- 8 Eigelb
- 250 g Puderzucker
- ½ Liter Whisky
- ½ Liter süße Sahne

Eigelbe und Zucker mit den Quirlen des Handrührers schaumig schlagen. Whisky in feinem Strahl unter ständigem Rühren zugeben. Sahne ebenfalls unter Rühren zugeben. Dann noch etwa 5 Minuten weiterrühren. Den Eierlikör vor dem Umfüllen noch 1 Stunde in den Kühlschrank stellen. Eierlikör in eine gut ausgespülte, schön geformte Flasche oder eine Karaffe füllen und gut verkorken. Kühl und dunkel aufbewahren. Der Eierlikör hält mindestens 2 Wochen.

Zum Verschenken den Eierlikör in eine hübsche Karaffe füllen, ein Holzkistchen mit Papier ausschmücken, die Karaffe hineinlegen. Das Kistchen mit Eiern ausfüllen, in hübsches Geschenkpapier einwickeln, mit Schleifenband dekorieren.

Feigenlikör (links)
Zutaten für 1 Liter:

- 75 g getrocknete Feigen
- 3 EL Apfelsaft
- 10 Eigelb
- 200 g Puderzucker
- 1 Prise Zimt
- ¼ Liter süße Sahne
- ½ Liter Weinbrand

Die Feigen kleinschneiden, mit dem Apfelsaft 15 Minuten im geschlossenen Topf weich dünsten. Zusammen mit der Flüssigkeit pürieren, durch ein feines Sieb streichen und beiseite stellen.
Die Eigelbe und den Puderzucker mit den Schneebesen des Handrührers cremig aufschlagen. Feigenpüree und Zimt zufügen. Zuerst die Sahne, dann nach und nach den Weinbrand unterrühren. Likör in zwei dekorative Flaschen füllen und verschließen. Im Kühlschrank 2 Tage durchziehen lassen.
Dieser Feigenlikör hält sich gut gekühlt 2 Monate. Wer frische Feigen zu kaufen bekommt, kann sie zusammen mit dem Likör verschenken.

Scharfe Sachen für harte Männer

Kräuterwodka

3 frische Rosmarinzweige
½ TL Korianderkörner
3 Zitronenmelissenstengel
Schale von ½ unbehandelten Zitrone
1 Liter Wodka

Die Rosmarinzweige leicht klopfen, damit das Aroma besser abgegeben wird. Die Korianderkörner im Mörser etwas zerdrücken. Alle Zutaten in eine Flasche geben. An einem warmen Ort 10 Tage stehen lassen, täglich schütteln. Absieben, filtrieren und in Fläschchen abfüllen.
Zum Verschenken den Kräuterwodka in eine schön geformte Flasche mit Korkverschluß füllen. Ein Schild beschriften und mit einem Rosmarinzweig an dem Flaschenhals befestigen.

Löwenzahnschnaps

50 junge, frische Löwenzahnblüten
1 Flasche Wodka

Von den Blüten die gelben Blättchen abzupfen. Alles Grün sorgfältig entfernen, denn darin stecken zuviel Bitterstoffe. Die Blättchen in eine Flasche geben, mit Wodka bedecken, luftdicht verschließen und 1 Woche ziehen lassen. Durch Filterpapier abseihen und die Löwenzahnessenz mit dem restlichen Wodka nach Geschmack verdünnen und zum Verschenken in hübsche Flaschen füllen.

Magentröster

70 g Kümmelsamen
100 g Zucker
1 Liter Obstbranntwein

Alle Zutaten in eine gut gespülte Flasche geben, schütteln und 10 bis 12 Tage an das Fenster in die Sonne stellen. Anschließend durch einen Kaffeefilter sieben und in Flaschen füllen. Flasche mit Korken und Siegellack verschließen und mit einem Schildchen versehen.

Lebenswasser

3 g Zimtstange
2 g Ingwerpulver
1 g ganze Nelken
0,5 g Pfefferschoten
0,5 g geriebene Muskatnuß
0,2 g Safran
55 g Zucker
1 Liter Obstbranntwein (40 % Vol.)

Alle Zutaten 24 Stunden ziehen lassen. Dann filtern und in kleine Flaschen abfüllen. Kühl stellen und ruhen lassen. Nach 3 Wochen ist das Lebenswasser zum Trinken bereit.

Zum Verschenken Flasche in eine Baumrinde hüllen und ein Schild aus Kupferblech daranhängen.

MAGEN-TRÖSTER FÜR HUGO
KRÄUTERWODKA
Löwen-zahn Schnaps

Für Feinschmecker

Lachs-Kartoffel-Pastete

Für eine Ringform von 1,5 Liter Inhalt:

8 Blatt weiße Gelatine
500 g Kartoffeln
8 Lauchstangen (Porree)
3 EL Essig
Fett für die Form
300 g geräucherter Lachs
1 Bund Schnittlauch
5 EL Weißwein
1 EL geriebener Meerrettich
100 g Butter
Salz
frisch gemahlener weißer Pfeffer
1 Becher Sauerrahm (30 % Fett)
2 Päckchen Kresse

Die Gelatine in kaltem Wasser einweichen. Kartoffeln mit der Schale in 20 Minuten in Salzwasser kochen. Lauch putzen, waschen und in reichlich Salzwasser 5 Minuten kochen. In Essigwasser abkühlen lassen. Drei Stangen vorsichtig auseinanderblättern und eine gefettete Ringform damit auskleiden, so daß die Streifen etwa 5 cm über den Rand hängen. Den übrigen Porree sehr fein schneiden und in eine große Schüssel geben. Kartoffeln schälen und fein darüber reiben. Lachs in feine Streifen, Schnittlauch in feine Ringe schneiden und dazugeben. Die Gelatine in heißem Wein auflösen. Meerrettich, flüssige Butter, Salz, Pfeffer und Sauerrahm dazugeben. Gelatine unterrühren. Die Masse in die vorbereitete Ringform füllen und mit dem überhängenden Lauch abdecken. Am besten über Nacht oder mindestens 5 Stunden fest werden lassen. Die Pastete hält sich im Kühlschrank mindestens 2 Tage.

Zum Verschenken auf eine Platte stürzen, mit Kresse rundum garnieren. Als Überraschungseffekt und zum Transport die Ringform auf die Pastete stülpen und beim Überreichen abnehmen.

für
unseren
Leo

Das tägliche Brot

Gewürzbrot

Zutaten für eine Kastenform von 25 cm Länge:
300 g Roggenmehl
300 g Weizenschrotmehl
1 EL Salz
knapp 3/8 Liter Wasser
25 g Hefe
50 g Butter
1 EL Sesamkörner
2 EL Röstzwiebeln
3 EL gemischte Kräuter (Tiefkühlprodukt)
1 Messerspitze schwarzer Pfeffer
Milch zum Bepinseln

Mehl, Salz, lauwarmes Wasser, zerbröckelte Hefe und zerlassene und wieder abgekühlte Butter vermengen und zu einem glatten Teig verkneten. Zugedeckt an einem warmen Ort bis zur doppelten Größe aufgehen lassen. Die restlichen Zutaten untermengen. Gut drei Viertel des Teiges in eine gefettete Kastenform (25 cm) geben. Mit Milch bepinseln. Aus dem restlichen Teig 2 Rollen formen, umeinanderdrehen und auf den Teig legen. Aufgehen lassen, mit Milch bepinseln und im Backofen bei 200 °C etwa 40 Minuten backen. Aus dem Teig kann man auch kleine Brötchen oder Zöpfe formen. Backzeit etwa 20 Minuten.
Tip: Damit das Brot nicht trocken wird, eventuell ein kleines feuerfestes Gefäß mit Wasser mit in den Backofen schieben.

Zum Verschenken Brot in ein schönes Tuch einschlagen und mit bunter gewürzter Butter verschenken.

Grüne Butter

120 g Butter mit Salz, 1 feingehackten Schalotte, 2 Eßlöffel gehackten frischen Kräutern und einem Hauch Cayennepfeffer verkneten.

Rote Butter

120 g Butter mit 1 Eßlöffel Tomatenmark, 1 Teelöffel Zitronensaft, Salz, 1 Spritzer Tabasco mit einer Gabel gut verkneten.

Gelbe Butter

120 g Butter mit 1 Eßlöffel Meerrettich, 1 Prise Salz, 1 Prise Curry, 1 Teelöffel Zitronensaft und frisch gemahlenem Pfeffer mit einer Gabel verkneten.

Zum Verschenken die einzelnen Buttersorten jeweils in ein kleines Tontöpfchen füllen. Zusammen mit dem Brot in einen Brotkorb legen. Wer möchte, kann den Brotkorb noch in ein hübsches Küchentuch einschlagen.

TOMATE
KRÄUTER
MEERRETTICH

Deftig wie von Großmutter

Griebenschmalz
Zutaten für 5 Steinguttöpfchen von 300 ml Inhalt:

- 750 g Schweineflomen
- 100 g fetter Schweinebauch
- 250 g Gänsefett
- 1 TL gerebelter Majoran
- 1 Lorbeerblatt
- 3 mittelgroße säuerliche geschälte Äpfel
- Salz
- Pfeffer
- 200 g Zwiebeln

Zum Verschenken ein Steinguttöpfchen in ein Spankörbchen stellen, das mit einem blau-weiß karierten Tuch ausgelegt ist, ein hölzernes Vesperbrett und ein passendes Salzfäßchen dazustellen.

Wer Schmalz selbst herstellen möchte, sollte wegen des Zeitaufwandes gleich eine größere Menge produzieren.
Flomen unter fließendem Wasser sehr gut abspülen, ebenso den Schweinebauch und das Gänsefett. Alles mit Küchenkrepp gut abtrocknen, sonst spritzt es. Den Schweinebauch und das Gänsefett fein würfeln. Flomen zusammen mit dem Gänsefett durch die große Scheibe des Fleischwolfs drehen. Nun die Masse in einen weiten Topf geben und auf milder Hitze ganz langsam auslassen, die Schweinebauchwürfel dazugeben. Den Majoran und das Lorbeerblatt zufügen. Wenn die Fettstücke glasig sind, werden die inzwischen feingewürfelten Zwiebeln und die geviertelten, von Kerngehäuse, Stiel und Blüte befreiten, gewürfelten Äpfel hineingegeben und mitgebraten. Wenn Zwiebeln und Äpfel goldbraun sind, dann sind auch die Grieben richtig. Den Topf vom Feuer nehmen, das Lorbeerblatt herausfischen und nun das Schmalz mit Salz und frisch gemahlenem Pfeffer würzen. Noch etwas abkühlen lassen und in Steinguttöpfe von 300 ml gießen. Über Nacht vollständig erstarren lassen, dann in die Mitte geröstete Zwiebeln streuen, mit Klarsichtfolie verschließen. Bis zum Verschenken kühl, trocken und dunkel aufbewahren.

Gute Besserung

Holunderbeersaft

2 kg Holunderbeerdolden

1¼ Liter Wasser

etwa 1¾ kg Zucker

1 Päckchen Einmachhilfe

Holunderbeeren verlesen, waschen, gut abtropfen lassen. In einen Kochtopf geben, zerdrücken und mit dem Wasser zum Kochen bringen. Zucker und Einmachhilfe hineingeben und auflösen. Abseihen und in ½-Liter-Flaschen mit Bügelverschluß oder Korken füllen. Holunderbeersaft hilft gegen Halsschmerzen und Erkältungen.

Karottensaft

1 kg Karotten

1 kg Äpfel

Saft von 2 Zitronen

Die Karotten putzen und fein reiben. Die Äpfel schälen, vierteln und das Kernhaus entfernen. Äpfel ebenfalls fein reiben. Die Masse in ein Küchentuch oder Mulltuch geben und Saft auffangen, den Rest herauspressen. Zitronensaft unterrühren. Saft in Flaschen füllen und im Wasserbad auf 80 °C erhitzen, verschließen und 25 Minuten diese Temperatur halten.

Rote-Bete-Saft

1 kg rote Bete

500 g Äpfel

Rote Bete schälen und fein raspeln. Äpfel schälen, vierteln, das Kerngehäuse entfernen und ebenfalls raspeln. Die Masse in ein Küchentuch oder Mulltuch geben, den Saft auffangen, abkochen und heiß in Flaschen füllen, sofort verschließen.

Rhabarbersaft

1 unbehandelte Zitrone

600 g Zucker

2 kg Rhabarber

1 Vanilleschote

Zwei Liter Wasser, die abgeschälte Zitronenschale und den Zucker zusammen aufkochen. Abkühlen lassen und mit dem Saft von der Zitrone vermischen. Rhabarber putzen und 2 cm dicke Stücke abschneiden. Mit kochendem Wasser bedecken, nach 5 Minuten abgießen und abtropfen lassen. Vanilleschote in 4 Stücke schneiden und mit dem Rhabarber in 4 Gläser geben. Die Zuckerlösung kalt dazugeben, Gläser verschließen und 8 Wochen ziehen lassen. Den Saft durch ein Sieb abgießen, in Fläschchen abfüllen.

Beim Krankenbesuch die Säfte in schöne Flaschen mit Bügelverschluß füllen und eventuell mit einem Buchgeschenk kombinieren. Oder mehrere Fläschchen kombinieren, in ein Kistchen oder eine Box stellen und frisches Obst dazu verschenken.

Holunderbeer-Saft
Rhabarbeer-Saft
Rote Bete Saft
Karotten Saft

Nicht nur für Fischköppe

Bücklingspaste

250 g Bücklingsfilets ohne Haut und Gräten
50 g weiche Butter
1 kleine Zwiebel
1 EL Zitronensaft
1 Prise Cayennepfeffer
1 Prise frisch geriebener Muskat
Salz
Zum Bestreuen:
1 Bund Petersilie

Die Bücklingsfilets fein hacken und in einer Schüssel mit der Butter verrühren. Die Zwiebel schälen, fein hacken und unterrühren. Den Aufstrich mit dem Zitronensaft, dem Cayennepfeffer, dem Muskat und etwas Salz pikant würzen. Die Petersilie waschen, trockenschwenken, von den groben Stielen befreien und fein hacken. Die Bücklingspaste in ein Glas mit Bügelverschluß füllen. Mit feingehackter Petersilie bedecken und verschließen. Die Paste hält sich im Kühlschrank 10 Tage. Sie paßt gut zu Toastbrot oder Schwarzbrot.

Zum Verschenken in Gläser mit Twist-off-Deckel oder Bügelverschluß füllen. Den Deckel mit einem Etikett bekleben und zusammen mit einem Brot in ein Netz legen.

Forellenmousse

1 Päckchen Gelatine
3 geräucherte Forellen
3 gekochte Eier
50 g Frischkäse
125 g Mayonnaise
1 Bund frischer Dill
1 Bund Schnittlauch
2 Eiweiß
Salz
Pfeffer

Gelatine nach Anweisung in Wasser auflösen. Die Forellen reinigen, Haut und Gräten entfernen. Das Fischfleisch in kleine Stücke schneiden, die gekochten Eier grob hacken, den Käse und die Mayonnaise dazugeben. Fischfleisch, Eier, gehackten Dill und Schnittlauch mit der Gelatinebrühe verrühren, Käse-Mayonnaise dazugeben und mit Salz und Pfeffer abschmecken. Das Eiweiß zu Schnee schlagen und unterrühren. Das Mousse in ein großes, weites Glas mit Deckel geben und verschließen, es hält sich im Kühlschrank etwa 3 Tage. Das Mousse schmeckt gut auf Toastbrot.

Zum Verschenken im Glas in ein Netz legen, mit kleinen metallenen Köderfischen aus dem Anglergeschäft oder mit Meerestieren aus Ton dekorieren oder kleine Fische aus Papier ausschneiden und in dem Netz befestigen.

Forellenmousse
Bücklingspaste

Für die Faschingsparty

Apfelkrapfen

500 g Mehl, 100 g Zucker
⅛ Liter lauwarme Milch, 1 Würfel Hefe
75 g Butter, 2 Eier
300 g säuerliche Äpfel
je 50 g Sultaninen und Korinthen
75 g Orangeat
Zum Ausbacken: Kokosfett
Zum Bestreuen: 200 g Zucker

Das Mehl mit dem Zucker in einer Schüssel mischen. In die Mitte eine Vertiefung drücken. Die Hälfte der Milch mit der zerbröckelten Hefe verrühren und in die Mulde geben. Etwa 15 Minuten gehen lassen. Die Butter in der restlichen Milch schmelzen, die verquirlten Eier zufügen und zum Vorteig geben. Alles zu einem geschmeidigen Hefeteig verkneten. Zugedeckt nochmals etwa 30 Minuten an einem warmen Ort gehen lassen.
Die Äpfel schälen, vierteln, das Kerngehäuse entfernen und die Apfelhälften fein würfeln. Mit den Sultaninen, Korinthen und dem Orangeat unter den Teig kneten. Nochmals etwa 15 Minuten gehen lassen.
Das Fett auf 175 °C erhitzen. Mit Hilfe von zwei Eßlöffeln kleine Krapfen abstechen und im heißen Fett in etwa 4 Minuten goldbraun ausbacken. Aus dem Fett nehmen, abtropfen lassen und in Zucker oder in Zucker-Zimt-Gemisch wälzen.

Als Mitbringsel in eine Glasschüssel legen und mit Folie großzügig einschlagen. Oben zusammenbinden und viele Luftschlangen daran befestigen.

Kräuter-Knoblauch-Tarte

Für den Teig:
120 g Mehl
1 EL frisch geriebener Parmesan, 1½ TL Salz
¼ TL frisch gemahlener schwarzer Pfeffer
60 g Butter
Für den Belag:
2 große Knoblauchzehen
4 EL gehackte gemischte Kräuter
(Petersilie, Rosmarin, Oregano, Basilikum)
120 g Frischkäse
4 EL Joghurt, 2 verquirlte Eier
½ TL Salz, ¼ TL frisch gemahlener Pfeffer

Für den Teig: Das Mehl in eine Schüssel sieben, den Parmesankäse dazugeben und mit Salz und Pfeffer vermischen. Die Butter in Flöckchen dazugeben und mit den anderen Zutaten zwischen den Fingern verreiben. 2 bis 3 Eßlöffel Wasser dazugeben und zu einem festen Teig kneten. Auf einer bemehlten Arbeitsfläche dünn ausrollen und eine 20 cm große Tarteform damit auskleiden, einen Rand hochdrücken. Den Boden 20 Minuten in den Kühlschrank stellen. Den Ofen auf 200 °C vorheizen. Den Teigboden mit Bohnen beschweren und 10 bis 15 Minuten vorbacken, bis er am Rand hellbraun ist. Die Temperatur auf 180 °C zurückstellen.
Für den Belag: Den Knoblauch fein hacken und mit den Kräutern und dem Frischkäse verrühren. Den Joghurt dazugeben, Eier, Salz und Pfeffer darunterrühren. Den Belag auf dem vorgebackenen Boden verteilen und noch 20 bis 25 Minuten backen.
Zum Verschenken in der Tarteform lassen.

Fürs Kaffeekränzchen

Tiramisu-Torte

Für eine Springform von 26 cm Durchmesser:

Für den Teig:
- 4 Eier
- 1 Prise Salz
- 100 g Honig
- ¼ TL gemahlene Vanille
- 100 g Dinkelvollkornmehl
- 50 g feingemahlene Mandeln
- 1 TL Weinsteinbackpulver
- Butter für die Form
- etwa 1/8 Liter starker Espresso

Für die Füllung:
- 250 g Mascarpone
- 100 g Sauerrahm (10% Fett)
- 2 Eier
- 70 g Honig
- Amaretto nach Belieben
- Kakaopulver

Die Eier trennen und die Eigelbe mit 4 Eßlöffel Wasser, dem Salz, dem Honig, und der Vanille schaumig schlagen. Den Ofen auf 180 °C vorheizen. Die Eiweiße steif schlagen. Mehl, Mandeln und Backpulver mit einem Rührlöffel unter die Eigelbmasse heben, das Eiweiß vorsichtig darunterheben. Den Boden einer Springform buttern, den Teig hineinfüllen und mit einem nassen Löffel glattstreichen. Den Boden in etwa 30 Minuten goldbraun backen. Dann vorsichtig aus der Form lösen und zum Auskühlen auf ein Kuchengitter stürzen. Den Boden ringsherum mit einem Messer leicht einschneiden und mit Hilfe eines Zwirnfadens einmal durchschneiden. Beide Hälften von innen mit dem Espresso beträufeln, bis sie vollgesogen, aber nicht schwammig sind.

Für die Füllung: Den Mascarpone mit dem Sauerrahm verrühren. Die Eier trennen und die Eigelbe darunterrühren, mit dem Honig süßen. Nach Belieben Amaretto darunterrühren. Die Eiweiße steif schlagen und unter die Masse heben. Einen Tortenring um den unteren Boden legen. Die Füllung in die Mitte des Bodens geben, vorsichtig verstreichen, dabei einen etwa 2 cm breiten Rand frei lassen. Den oberen Boden aufsetzen, leicht andrücken. Die Torte mindestens 4 Stunden zugedeckt in den Kühlschrank stellen. Dadurch wird die Füllung fest und läuft nicht mehr. Die Torte vor dem Servieren mit dem Kakao bestäuben oder ein Muster aus Puderzucker und Kakao mit Hilfe einer Papierschablone herstellen.

Tip: Statt mit Amaretto schmeckt die Torte auch mit Cognac sehr gut. Wenn Sie statt der Torte ein Dessert machen wollen, schichten Sie die Böden einfach abwechselnd mit der Creme in eine flache, große Auflaufform. Mit Creme abschließen. Das Dessert kühl stellen und direkt vor dem Servieren mit Kakao bestäuben.

Der Biskuitboden läßt sich leichter durchschneiden, wenn Sie ihn schon einen Tag vorher backen.

Zum Mitbringen auf eine schöne Glasschale mit Fuß legen. Oder, wer möchte, in einem Tortenbehälter, dessen Deckel mit Motiven oder Glückwünschen beklebt ist, überreichen.

Mitbringsel an Ostern

Osterküken

Zutaten für 12 Stück:

50 g Zuckerrübensirup
2 Eigelb, 100 g weiche Butter
50 g Weizenvollkornmehl Type 1050
1 Prise Salz, 1 Würfel Hefe
100 g Rosinen
200 ml lauwarme Milch, Holzspieße

Für die Glasur:

2 Eiweiß, 500 g Puderzucker

Zum Verzieren:

Nelken, Mandeln, Kokosraspel

Zuckerrübensirup mit den Eigelben verrühren. Butter, Mehl, Salz, zerbröselte Hefe und gewaschene Rosinen hinzufügen, alles zu einem geschmeidigen Teig verarbeiten. Milch dabei nach und nach zugießen. Den Teig zugedeckt an einem warmen Ort etwa 30 Minuten gehen lassen. Kurz durchkneten und nochmals 15 Minuten gehen lassen. Teig zu einer Rolle formen. 12 eigroße und 12 walnußgroße Stücke abschneiden. Aus den Stücken jeweils Kugeln formen, auf ein mit Backpapier ausgelegtes Blech setzen. Weitere 10 Minuten gehen lassen. Im vorgeheizten Backofen bei 200 °C etwa 20 Minuten backen. Auf jede große Kugel mit einem Holzspieß eine kleine Kugel als Kükenkopf stecken.

Für die Glasur: Eiweiß mit Puderzucker glattrühren. Küken mit dem Guß überziehen. Nelken als Augen und Mandeln als Schnäbel einsetzen. Kokosraspel in den noch feuchten Guß kleben.

Zum Verschenken in kleine Blumentöpfchen und in mit Moos ausgelegte Pappeier setzen.

Osterhase

Für eine Hasenform von 30 cm Größe:

100 g Rosinen, 4 EL Orangensaft
100 g Mandeln
100 g Marzipan-Rohmasse
60 g Zucker
1 Päckchen Vanillinzucker
Schale von 2 unbehandelten Orangen
1 Prise Salz, 3 Eier
100 g weiche Butter, 200 g Mehl
½ Päckchen Backpulver
100 g Sauerrahm oder Crème fraîche
Fett für die Form

Rosinen waschen, trockentupfen, in eine Schüssel geben, mit Orangensaft beträufeln und darin ziehen lassen. Mandeln in einen kleinen Topf mit kochendem Wasser geben, 1 Minute köcheln lassen. Abgießen, kalt abbrausen und häuten. Grob hacken, in einer Pfanne ohne Fett leicht anrösten und herausnehmen. Marzipan-Rohmasse zusammen mit Zucker, Vanillinzucker und der abgeriebenen Orangenschale weich kneten. Salz, Eier und Butter zugeben, alles schaumig schlagen. Mehl, Backpulver und Sauerrahm oder Crème fraîche einrühren, zum Schluß die Mandeln und die Rosinen. Teig in eine gefettete Hasenform streichen, bei 200 °C im vorgeheizten Ofen gut 30 Minuten backen. Stürzen und abkühlen lassen.

Zum Verschenken den Hasen in eine Papiertüte setzen. Wer möchte, kann den Hasen mit gefärbten Ostereiern oder mit Schokoladeneiern umlegen.

Frohe
Ostern
Omi

Bunter Osterkranz

Für den Hefeteig:
- 500 g Mehl
- 2 Prisen Salz
- 1 Würfel frische Hefe
- 80 g Zucker
- gut ⅛ Liter lauwarme Milch
- 1 Ei, 60 g Butter
- Schale von 1 unbehandelten Zitrone
- ½ TL Safranpulver
- 20 ml Rum
- 100 g ungeschälter Sesam
- 80 g Mohn
- 100 g Möhren
- 1 EL Zitronensaft
- 1 TL Kardamompulver
- 50 g gemahlene Mandeln
- Mehl zum Kneten und Formen
- 4–5 EL Mehl
- 3 EL süße Sahne
- 1 gestrichener TL Zimt
- Fett fürs Blech
- 1 Eigelb, 1 EL süße Sahne

Für den Hefeteig: Mehl und Salz in eine Schüssel geben, eine Mulde hineindrücken. Hefe hineinbröckeln, mit 1 Eßlöffel Zucker und 6 Eßlöffel Milch verrühren. Etwas Mehl überstreuen. Vorteig zugedeckt an warmem Ort gehen lassen, bis er doppelt so groß ist.
Den übrigen Zucker, das Ei und weiche Butter in Würfeln und die abgeriebene Zitronenschale hinzufügen. Mit Mehl, Hefeansatz und übriger Milch zu einem elastischen Teig verarbeiten. Mit den Händen oder Knethaken des Handmixers kneten, bis er sich vom Schüsselrand löst. Zugedeckt an einem warmen Ort erneut gut ½ Stunde gehen lasssen, bis sich das Volumen verdoppelt hat. Teig mit den Händen kurz durchkneten, dann nach Rezept weiterverarbeiten.
Inzwischen Safran und Rum verrühren. Bis auf 2 Eßlöffel den Sesam in einer beschichteten Pfanne rösten, dabei die Pfanne hin- und herrütteln. Den Mohn bis auf 2 Eßlöffel mahlen. Von den Mandeln ebenfalls 2 Eßlöffel zurückbehalten. Möhren putzen, schälen und fein reiben, den Saft mit den Händen aus den Möhren herauspressen, mit Zitronensaft, Kardamom und Mandeln gut vermischen. Teig auf der bemehlten Fläche in drei gleich große Stücke teilen. Ein Drittel mit Safran, Rum und geröstetem Sesam verkneten. Unter das zweite Drittel die Möhren und 4 bis 5 Eßlöffel Mehl arbeiten. Das dritte Stück mit dem gemahlenen Mohn, 1 Eßlöffel Sahne und Zimt verkneten. Backofen auf 200 °C vorheizen. Die Teigteile mit bemehlten Händen zu drei 80 cm langen Strängen formen. Diese zu einem Zopf flechten, dabei von der Mitte ausgehend zu den beiden Enden flechten. Den Zopf auf gefettetem Blech zum Kranz legen, die Enden festdrücken. Eigelb und Sahne verrühren, auf den Kranz streichen. Die entsprechenden Stränge jeweils mit dem übrigen Sesam, Mohn und Mandeln bestreuen. Im Ofen in 35 Minuten goldbraun backen.

Zum Verschenken einen runden Korb oder Napf mit Stroh, Moos oder Papier auslegen und den Osterkranz darauflegen. In die Mitte des Kranzes bunt gefärbte Ostereier legen.

Schnapsideen

Aprikosen in Rum mit Mandeln

Für ein 2-Liter-Gefäß:

- 1,5 kg reife Aprikosen
- 100 g abgezogene Mandeln
- 6 Nelken
- 2 Stangen Zimt
- 500 g weißer Kandiszucker
- 0,7 Liter Rum (54 % Vol.)

Aprikosen waschen und entsteinen, etwa 1 Minute in kochendes Wasser legen, in kaltem Wasser abschrecken, enthäuten, halbieren und entkernen. 10 Aprikosenkerne aufknacken. Zusammen mit den Aprikosenhälften, den Mandeln, den Nelken und dem Zimt in ein sorgfältig gespültes Glasgefäß mit Deckel geben. Den Kandiszucker darübergeben und mit dem Rum auffüllen. Das Gefäß gut verschließen, kühl stellen und etwa 4 Wochen ziehen lassen. Ab und zu mit einem Holzlöffel umrühren.

Tip: Einen Teil der Flüssigkeit in eine kleine Karaffe filtern und als Aprikosenlikör servieren. Dabei darauf achten, daß die Früchte immer mit Flüssigkeit bedeckt bleiben.

Zum Verschenken die Aprikosen mit Mandeln ohne Kerne und Nelken in 250-ml-Gläser mit Schraub- oder Bügelverschluß füllen, nach Belieben mit einem selbstbeschriebenen Etikett versehen und den Deckel unter einem Tuch verstecken. Besonders hübsch sind selbstbestickte Abdeckungen mit Aprikosenmotiv.

Ananas in weißem Rum

Zutaten für 2 Liter:

- 2 Ananasfrüchte (je etwa 900 g)
- 300 g weißer Kandiszucker
- 1–2 Vanilleschoten
- 1 unbehandelte Zitrone
- 0,7 Liter weißer Rum (54 % Vol.)

Ananas schälen und in etwa 1 cm dicke Scheiben schneiden. Das harte Mittelstück entfernen oder mit einem runden Ausstecher beseitigen. Ananasscheiben mit dem Kandiszucker in ein großes, sorgfältig gespültes Glas geben. Vanilleschoten in Stücke schneiden, die Zitrone heiß abwaschen, dünn schälen, die pelzige Haut nicht verwenden. Vanille und Zitronenschale zu den Ananasscheiben geben. Mit dem Rum auffüllen, das Glas gut verschließen, kühl stellen und etwa 1 Woche ziehen lassen.

Zum Verschenken in 250-ml-Gläser oder Tontöpfchen umfüllen und ein selbstbeschriebenes Schild an das Gefäß hängen.

Aprikosen
Ananas in weißem Rum

Essig und Öl

Scharfer Kräuteressig
Zutaten für 3/4 Liter Essig:

3 Stengel Estragon
3 Stengel Zitronenmelisse
1 Stengel Salbei, 1 Stengel Wermut
½ TL Kalmus (aus dem Reformhaus)
¾ Liter Weinessig

Kräuter abspülen, trockentupfen, die Blättchen von den Stengeln zupfen. Kalmus und Kräuter in eine sorgfältig gespülte Flasche geben, mit dem Essig auffüllen und 2 bis 3 Wochen an einem sonnigen Ort (Fenster) stehen lassen. Durch ein Mulltuch gießen, in kleine, gut gesäuberte, gut abgetropfte Flaschen füllen, einige Kräuterzweige wieder hineingeben, verschließen und mit einem selbstbeschriebenen Etikett versehen.

Milder Kräuteressig
Zutaten für 3/4 Liter Essig:

1 Handvoll frischer Kerbel
3 Stengel Selleriekraut
3 Stengel Petersilie, 3–4 Stengel Estragon
8 Stengel Pimpinelle, 2 Stengel Dill
3 Sauerampferblätter, 4 Frühlingszwiebeln
¾ Liter Weinessig

Die Kräuter vorsichtig abspülen, trockentupfen, die Blättchen von den Stengeln zupfen, fein hacken. Den Knoblauch abziehen, durchpressen, die Frühlingszwiebeln putzen und in kleine Stücke schneiden. Alle Zutaten in eine sorgfältig gespülte Flasche geben, mit Weinessig auffüllen, verkorken und mindestens 14 Tage an einem sonnigen Ort (Fenster) ziehen lassen, einmal aufkochen, erkalten lassen, in gut gesäuberte kleinere Flaschen füllen, die Flasche verschließen und mit einem selbstbeschriebenen Etikett versehen.

Basilikumöl
Zutaten für ½ Liter Öl:

je nach Größe 3–5 Stengel makellose Basilikumblätter
½ Liter kaltgepreßtes Olivenöl

Die Basilikumblättchen mit einem feuchtem Küchenpapier sehr vorsichtig abtupfen. Stengel in eine saubere Flasche geben, mit dem Olivenöl auffüllen und eine Woche ziehen lassen. Gut verschließen. Zum Verschenken an die Flasche ein Sträußchen Basilikum und einen Zweig Kirschtomaten hängen.

Steinpilzöl
Zutaten für ½ Liter Öl:

20 g getrocknete Steinpilze
½ Liter Sojaöl

Die Steinpilze in kleine Stücke bröckeln oder im Mörser fein zerstoßen. In eine saubere Flasche füllen und mit Sojaöl aufgießen. Die Flasche fest verschließen. Das Steinpilzöl eignet sich zum Abschmecken von Pilzrezepten, als i-Tüpfelchen zu Nudelgerichten, zum Risotto und Fleischfondue.
Zum Verschenken in Fläschchen füllen, verkorken und zusammen mit Risottoreis oder Pasta überreichen. Ein kleines selbstgeschriebenes Rezeptbüchlein über die Verwendung des Steinpilzöls anhängen.

MILDER KRÄUTERESSIG
SCHARFER KRÄUTERESSIG

Zum Einzug

Sauerteigbrot und Kräutersalz

Für das Sauerteigbrot:

300 g Roggen
1 knappe Tasse Sauerteig
800 ml warmes Wasser
350 g Weizen
350 g Roggen
1 gestrichener EL Salz
Öl für die Form

Für das Kräutersalz:

2 TL geriebener Muskat
2 TL gemahlene Gewürznelken
2 TL gemahlener weißer Pfeffer
1 TL gemahlener Rosmarin
1 TL Cayennepfeffer
2 TL zerstoßene Lorbeerblätter
2 TL pulverisierter Thymian
2 TL pulverisierter Majoran

Für das Brot: Roggen grob mahlen, mit dem Sauerteig und dem Wasser vermengen und 12 Stunden bei Zimmertemperatur stehen lassen. Weizen und Roggen fein mahlen, mit dem Salz zum Vorteig geben und 10 Minuten mit den Händen kneten. In eine eingeölte Form füllen, dabei eine knappe Tasse des Teiges für das nächste Backen zurückbehalten! Das Brot mit der nassen Hand an der Oberfläche glatt drücken und 2 Stunden gehen lassen. Zunächst ½ Stunde bei 250 °C, dann 1 Stunde bei 200 °C backen und danach aus der Form stürzen.

Sollten Sie zusätzlich zum Salz noch andere Gewürze wie Kümmel, Fenchel, Anis und Koriander verwenden wollen, lassen Sie diese mit dem Getreide durch die Mühle laufen und erhöhen die Wassermenge um 100 ml. Auch Sonnenblumenkerne geben dem Brot zusätzlich einen guten Geschmack.

Für das Kräutersalz: Alle Gewürze mit 500 g Meersalz vermischen.

Zum Verschenken das Brot in ein schönes reinleinenes Tuch einschlagen und in einen Brotkorb legen. Das Kräutersalz in ein Glas mit Deckel geben und einen kleinen Brief mit einer Beschreibung der traditionellen Bedeutung von Brot und Salz daranhängen.

Das Haus ist fertig...

Zum Brunch

Brunch-Brötchenkranz

Zutaten für 34 Brötchen:

- 500 g Roggenvollkornschrot
- 500 g Weizenmehl
- 2 Würfel Hefe
- 2 TL Meersalz
- 1 EL Honig
- 2 EL Obstessig
- 2 EL Zitronensaft
- ¾ Liter lauwarme Buttermilch
- 200 g gemischtes Backobst
- 100 g Sonnenblumenkerne
- 4 EL Oregano
- 2 EL Kümmel
- Mehl für die Arbeitsfläche

Schrot und Mehl gut mischen. Die Hälfte des Mehls, zerbröckelte Hefe, Salz, Honig, Essig, Zitronensaft und Buttermilch mit den Knethaken des Handrührgerätes zu einem Teig verarbeiten. Zugedeckt an einem warmen Ort etwa 30 Minuten gehen lassen.

Inzwischen das Backobst waschen und in sehr kleine Stücke schneiden. Sonnenblumenkerne in einer trockenen Pfanne rösten. Restliches Mehl unter den Teig kneten und kräftig durcharbeiten, bis sich der Teig vom Topfboden löst. Dann in drei Portionen teilen.

Die eine Portion mit dem Backobst vermischen, die zweite mit den Sonnenblumenkernen und die dritte mit Oregano und Kümmel.

Aus dem fruchtigen Teig 28 etwa 8 cm lange Stränge formen und jeweils zwei zusammendrehen. Die Enden gut festdrücken. Aus dem Sonnenblumenteig 10 runde und aus dem gewürzten Teig 10 ovale Brötchen formen. Die Brötchen und die Stränge auf ein mit Backpapier ausgelegtes Blech legen und noch einmal 15 Minuten gehen lassen.

Die runden Brötchen kreuzweise, die ovalen zweimal schräg einschneiden. Im auf 200 °C vorgeheizten Backofen 15 bis 20 Minuten backen.

Zum Verschenken den Brötchenkranz mit dem Heringstöpfchen in ein schönes Küchentuch einschlagen. Man kann den Kranz auch in Papier einschlagen, in eine Spanschachtel legen und mit einem bunten Blumenstrauß schmücken.

Heringstöpfchen

Zutaten für 4 Personen:

- 4 mittelgroße Zwiebeln
- ⅛ Liter Weinessig
- 2 EL Zucker
- 1 TL schwarze Pfefferkörner
- 8 küchenfertige Salzheringe
- 2 hartgekochte Eier

Die Zwiebeln schälen und grob würfeln. Den Essig mit dem Zucker, den Pfefferkörnern und den Zwiebelwürfeln mischen. Die Heringe von Flossen, Schwänzen, Köpfen und Gräten befreien und in gleich große Stücke schneiden. Die Heringsstücke in einen Steinguttopf legen und die Essigmarinade darübergießen. Die Heringsstücke zugedeckt 4 Tage im Kühlschrank durchziehen lassen. Die Eier schälen und in Achtel schneiden. Das Heringstöpfchen vor dem Servieren mit den Eispalten garnieren. Zum Verschenken im Steinguttopf lassen.

Klassischer Rumtopf

Für einen Steinkrug oder Glastopf von 8 Litern Inhalt:

- 500 g Erdbeeren
- 2 kg Zucker
- 250 g Stachelbeeren
- 250 g Kirschen
- 250 g Himbeeren
- 250 g Johannisbeeren
- 250 g Blaubeeren
- 500 g Aprikosen
- 500 g Pfirsiche
- 500 g späte Pflaumen
- 500 g Birnen
- 250 g Ananas
- 2,8 Liter 54%iger Rum

Da sich im Rumtopf die Früchte des ganzen Jahres ein Stelldichein geben, sollte man immer eine größere Menge herstellen. Für Geschenke kann man dann die gewünschte Menge aus dem großen Vorratstopf holen. Im traditionellen Rumtopf befinden sich alle Früchte, die von Frühling bis Herbst reif werden. Nur reife, feste, einwandfreie Früchte verwenden. Sorgfältig waschen, auf Tüchern ausbreiten und putzen, enthäuten, entsteinen, von ungenießbaren Teilen befreien und in mundgerechte Stücke schneiden. Steinkrug oder Glastopf gründlich reinigen und mit kochendem Essigwasser auffüllen, ausgießen und austrocknen. Mit Erdbeeren beginnen und diese mit 250 g Zucker im Gefäß vermischen. Wenn sich die Kristalle aufgelöst haben, mit 1 Liter Rum aufgießen. Den Topf verschließen, kühl und dunkel stellen. Im Laufe des Sommers nach und nach auffüllen, immer 250 g Früchte mit je 125 g Zucker und 200 ml Rum, 500 g Früchte mit 250 g Zucker und 400 ml Rum. Die Früchte, falls sie oben schwimmen, mit einem Teller bedecken. Den Rumtopf zum ersten Mal umrühren, wenn die letzte Frucht beigefügt worden ist. Vor dem ersten Genuß 4 Wochen ruhen lassen.
Rumtopf paßt zu Nachspeisen wie Vanillecremes, Eis, Flammeri aus Grieß oder Reis und zu Pfannkuchen oder anderen Mehlspeisen.

Als Geschenk vom Rumtopf die gewünschte Menge abnehmen, in hübsche Gläser oder Steinkrügchen füllen, mit einem netten Tuch abdecken und mit einer Schleife zubinden. Wer sich besondere Mühe geben möchte, hängt dem Glas oder Krügchen ein kleines selbstgeschriebenes Rezeptbüchlein über die vielen Verwendungsmöglichkeiten von Rumtopf um.

Rumtopf Rezepte

Beschwipste Früchte

Portweinfeigen (oben)

- 500 g frische, blaue Feigen
- 1 große oder 2 kleine unbehandelte Apfelsinen
- 2 Zimtstangen
- 6 Nelken
- 4 Wacholderbeeren
- 250 g brauner Kandiszucker
- 0,7 Liter roter Portwein

Feigen vorsichtig waschen, trockentupfen und halbieren. Die Feigen in ein sorgfältig gespültes Glas von 1,5 Liter Inhalt geben. Apfelsine heiß abwaschen, trockentupfen, ohne die weiße Haut dünn abschälen und die Schale mit den Zimtstangen, den Nelken, den Wacholderbeeren und dem Kandiszucker zu den Feigen geben. Mit dem Portwein auffüllen, das Glas verschließen und kühl stellen. Vor dem Verschenken 1 Woche ziehen lassen, bis dahin müßte sich der Kandiszucker aufgelöst haben. Die Portweinfeigen schmecken zu Cremedesserts oder Eis und natürlich auch pur.

Zum Verschenken die Feigen in eine Glasschale mit Deckel legen. Den Alkohol vorsichtig darübergießen, den Deckel mit Tesaband festkleben. Die Schale mit Sternchen, Herzen, Glücksbringern und ähnlichem bekleben, oder die Feigen mit Portwein in ein hohes Glas füllen, mit dazu passenden Schälchen in einen Geschenkkarton setzen.

Melone in Calvados (unten)

- 1 reife Zuckermelone von etwa 1 kg
- 1 Vanilleschote
- 2 EL Zucker
- 3/4 Liter Calvados

Das Fruchtfleisch in gleichmäßige Stücke schneiden oder mit einem Ausstecher etwa murmelgroße Kugeln herausstechen. Im Zucker rundum wälzen. In ein Glas von 1 Liter Inhalt legen und die aufgeschlitzte Vanilleschote mit hineingeben. Mit Calvados auffüllen.
Die Früchte schmecken nach 10 bis 12 Tagen und müssen dann innerhalb von etwa 6 Wochen verspeist werden.

Zum Verschenken in kleine, hübsch geformte Gläser mit Gummiring oder Twist-off-Deckeln füllen. Die Twist-off-Deckel unter einem schönen Tuch oder Japanpapier verstecken und eine farblich passende Schleife umbinden. Wer möchte, kann ein selbstgemaltes Etikett aus einem farblich passenden Papier aufkleben.

PORTWEIN-
FEIGEN
MELONE
IN
CALVADOS

Pikante Brotaufstriche aus dem Urlaub

Griechische Schafskäsecreme (unten)

Für ein Glas von 300 ml Inhalt:

- 50 g weiche Butter
- 200 g griechischer Schafskäse
- 80 g schwarze entsteinte Oliven
- 1 frische rote Pfefferschote
- 1 kleiner Zweig frischer Thymian
- 1 kleiner Zweig frischer Rosmarin
- 1 Knoblauchzehe
- 2 EL süße Sahne

Die Butter in einer Schüssel schaumig rühren. Den Schafskäse in einem Teller mit einer Gabel zerdrücken. Die Oliven abtropfen lassen. Etwa zwei Drittel der Oliven fein hacken, den Rest halbieren und zum Garnieren beiseite legen. Die Pfefferschote längs halbieren, vom Stielansatz und von den Kernen befreien. Die Schotenhälften waschen, in sehr kleine Streifen schneiden und unter die Käsecreme rühren. Dann Thymian und Rosmarin waschen und trockentupfen. Die Blättchen beziehungsweise Nadeln von den Stielen zupfen, fein hacken und hinzufügen. Die abgezogene Knoblauchzehe durch die Presse dazudrücken. Die Kräuter und den Knoblauch unter die Käsecreme mischen, zum Schluß die Sahne dazugeben und verrühren. Die Schafskäsecreme mit den Olivenhälften garniert servieren. Sie paßt gut zu Vollkornbrot oder Knäckebrot.

Zum Verschenken in eine Keramik-Muschel füllen und in einer griechischen Zeitung gehüllt verschenken.

Italienische Petersilienpaste (oben)

Für ein Glas von 250 ml Inhalt:

- 100 g Pinienkerne, 60 g Petersilie
- 2 Knoblauchzehen
- 3 EL frisch geriebener Parmesan
- 10 EL kaltgepreßtes Olivenöl
- 1 EL Zitronensaft, ½ TL Salz
- frisch gemahlener weißer Pfeffer

Die Pinienkerne in einer trockenen Pfanne bei mittlerer Hitze rösten, bis sie goldgelb sind. Dann auskühlen lassen und fein mahlen. Die Petersilie waschen, trockenschwenken, von den groben Stielen befreien und fein hacken. Den abgezogenen Knoblauch ebenfalls fein hacken. Die Pinienkerne, die Petersilie, den Knoblauch und den Parmesan nach und nach in einem Mörser zerstoßen oder unter Zugabe von Olivenöl portionsweise im Mixer zu einer glatten Paste verarbeiten. So viel von dem Olivenöl unterrühren, daß die Petersilienpaste gut streichfähig wird. Den Aufstrich mit dem Zitronensaft, Salz und Pfeffer pikant abschmecken. Im Kühlschrank in einem verschlossenen Gefäß aufbewahrt, ist die Petersilienpaste bis zu 2 Wochen haltbar. Sie paßt gut zu Stangenweißbrot oder Toastbrot.

Zum Verschenken mit einem selbstgeschriebenen Etikett versehen und mit anderen typischen italienischen Leckereien kombinieren, wie etwa einem Fläschchen Olivenöl, einem Fläschchen Aceto balsamico oder einer Flasche italienischem Wein. Ganz besonders wirkt die Petersilienpaste, wenn sie in einem Landbrotkranz verschenkt wird.

Italienische Petersilienpaste
Aceto Balsamico di Modena
Με απόλυτη μυστικότητα

Lecker Eingekochtes

Tomaten-Kräuter-Sugo

Für 2 Gläser mit ½ Liter Inhalt:

- 1 feingehackte große Zwiebel
- 2 feingehackte Knoblauchzehen
- 2 EL Olivenöl
- 2 große Dosen geschälte Tomaten
- 2 Lorbeerblätter
- 1 EL frischer gehackter Liebstöckel
- 4 EL frische gehackte Rosmarinnadeln
- 2 EL frischer gehackter Salbei
- 2 EL frischer gehackter Majoran
- 1 Handvoll frisches gehacktes Basilikum
- oder 8 EL getrocknete gemischte Kräuter
- 1 TL Salz
- 1 EL Zucker
- frisch gemahlener Pfeffer
- 100 ml Olivenöl

Die Zwiebel und den Knoblauch im heißen Öl dünsten. Die Tomaten, die Lorbeerblätter, den Liebstöckel, den Rosmarin und den Salbei beifügen. Köcheln lassen, bis die Sauce dicklich geworden ist. Die restlichen Zutaten beifügen, aufkochen und in Gläser abfüllen. Der Sugo ist an einem kühlen Ort etwa 3 Monate haltbar. Tomaten-Kräutersugo schmeckt heiß zu italienischer Pasta.

Zum Verschenken ein Glas Tomaten-Kräuter-Sugo zusammen mit italienischen Spaghetti und einer Nudelzange in ein Küchentuch binden.

Gemüse-Chutney

- 100 g Perlzwiebeln aus dem Glas
- 1 kleine Gewürzgurke
- 250 g Blumenkohl
- ½ Salatgurke
- 250 g grüne Bohnen
- ¼ Liter Weinessig
- 1 Messerspitze Macispulver
- 1 TL weißer Pfeffer
- 1 TL Senfpulver
- 2 EL Currypulver
- 1 Messerspitze Safran
- 4 EL Zucker

Die Perlzwiebeln abtropfen lassen und mit der Gewürzgurke fein hacken. Den Blumenkohl waschen und in Röschen zerteilen. Die Salatgurke schälen. Die Bohnen waschen, putzen und das gesamte Gemüse fein hacken. Alle vorbereiteten Zutaten in einen flachen großen Topf geben, ¼ Liter Wasser und den Essig zufügen. Die Gewürze und den Zucker unterrühren. Alles bei schwacher Hitze in dem geöffneten Topf so lange kochen lassen, bis die Flüssigkeit verdampft ist, dabei öfters umrühren. Es soll eine breiige Masse entstehen. Das Chutney noch einmal kräftig abschmecken. Gut verschließbare Gläser heiß auswaschen, abtropfen lassen, das Chutney einfüllen und die Gläser verschließen.

Zum Verschenken nach Belieben mit einem selbstbeschrifteten Etikett versehen, aus dem hervorgeht, zu was man Gemüsechutney ißt.

Gemüse-
Chutney

Für die Grillparty

Salatgewürzmischung

je 6 EL getrocknete, zerriebene Kerbel-, Dill-, Borretsch- und Basilikumblätter

je 3 EL getrocknete, zerriebene Liebstöckel- und Estragonblätter

je 6 EL feingeschnittene, getrocknete Petersilie und Schnittlauch

Alle Zutaten mischen und in ein Tütchen aus Folie oder ein Glas füllen. Mit einem Etikett bekleben.

Majoran-Gewürzmischung

6 EL getrocknete Majoranblättchen

1 Messerspitze gemahlene Muskatblüte

1 Messerspitze gemahlener Ingwer

2 Messerspitzen geriebene Muskatnuß

1 gestrichener TL gemahlener Pfeffer

1 Messerspitze gemahlene Nelken

feingeschnittene und getrocknete Schale von ½ unbehandelten Zitrone

Majoranblättchen im Mörser zerstoßen, mit den anderen Gewürzen gut vermengen und die Mischung in ein dekoratives Glas oder in ein Tütchen aus Folie füllen.

Provenzalische Kräutermischung

je 3 EL getrocknete, zerriebene Majoran- und Basilikumblätter

je 3 EL getrocknete, zerriebene Salbei-, Liebstöckel- und Estragonblätter

je 3 EL feingeschnittene, getrocknete Petersilie und Schnittlauch

Alle Kräuter mischen und in ein Tütchen aus Folie oder Stoff oder in ein Glas füllen. Mit einem Etikett versehen.

Fines Herbes

4 EL feingeschnittene, getrocknete Petersilie

2 EL feingeschnittener, getrockneter Schnittlauch

2 EL getrocknete, zerriebene Borretschblätter

1 EL getrocknete, zerriebene Estragonblätter

Fines herbes ist eine klassische französische Kräutermischung, die man für Suppen, Saucen, Salate oder zum Grillen verwendet.

Besonders hübsch sieht es aus, wenn man die Gläser mit einem Hut aus buntem Seidenpapier krönt und mit einem Bändchen und Siegellack verschließt.

Salatgewürz
Fines Herbes
Provençal Kraut
ajorangewürz

Tomatenketchup

2 kg Fleischtomaten oder römische Tomaten
2 Zwiebeln
1 EL Salz
2 EL Rotweinessig
2 EL Rotwein
100 g brauner Rohrzucker
1 Messerspitze gemahlene Nelken
1 Messerspitze gemahlener Koriander
1 Messerspitze weißer Pfeffer
100 g Tomatenmark

Tomaten waschen, abtrocknen, halbieren, die Stengelansätze herausschneiden, die Tomaten kleinschneiden. Zwiebeln abziehen, würfeln, mit den Tomaten in einen Topf geben und zugedeckt 15 bis 20 Minuten dünsten. Durch ein feines Sieb streichen und mit Essig, Rotwein, Zucker und den Gewürzen unter Rühren zum Kochen bringen. 1 Stunde ohne Deckel kochen lassen. Zum Schluß das Tomatenmark unterrühren.
Das Tomatenketchup sofort kochendheiß randvoll in sorgfältig gespülte Flaschen mit Schraubverschluß füllen, sofort verschließen, umdrehen und etwa 5 Minuten auf dem Deckel stehenlassen, die Flaschen kühl aufbewahren. Das Tomatenketchup ist ungeöffnet etwa 3 Monate haltbar.

Zum Mitbringen Glas oder Flasche mit einem witzigen Etikett bekleben.

Wer einen Garten hat und Tomaten anpflanzt, kennt die Schwemme von Liebesäpfeln, die zur Erntezeit über den Hobbygärtner kommt. Selbstgemachtes Tomatenketchup ist konkurrenzlos auch gegenüber der berühmtesten Handelsware. Besonders Kinder freuen sich über dieses Geschenk.

TOMATEN-
KETCHUP

Zum Erntedank

Reineclaudenkonfitüre mit Calvados

Zutaten für 6 Gläser à 200 ml:

- 1 kg Reineclauden
- 1 kg Gelierzucker
- ⅛ Liter Calvados

Reineclauden waschen, halbieren und entsteinen. In kleine Stücke schneiden und mit dem Gelierzucker gut vermischen. 24 Stunden zugedeckt ziehen lassen. Dann aufkochen und 4 Minuten sprudelnd kochen lassen. Kurz vor dem Einfüllen in die Gläser den Calvados unterrühren.

Zum Verschenken die Gläser mit einem selbstgeschriebenen Etikett bekleben. Den Deckel mit einem Tuch bedecken und mit einer Schleife versehen.

Großmutters Quittengelee

Zutaten für 4 Gläser à 250 ml:

- 1,5 kg Quitten
- ½ Liter Wasser
- ½ Liter Weißwein
- 1 unbehandelte Zitrone
- 1 kg Zucker

Die Quitten gründlich abreiben, um den Flaum zu entfernen. Blütenansatz und Stiele entfernen, Früchte in Schnitze schneiden und mit Wasser, Wein und abgeschälter Schale der Zitrone 45 Minuten kochen lassen. Den Saft durch ein Mulltuch oder ein Sieb abseihen, Saftmenge abmessen und mit der gleichen Menge Zucker mischen. 35 Minuten kochen lassen, bis eine Gelierprobe zeigt, daß das Gelee fest wird. In saubere, heiß ausgespülte Twist-off-Gläser füllen, auf den Kopf stellen und abkühlen lassen.

Zum Verschenken hübsch beschriftete Etiketten auf die Gläser kleben oder Deckel mit einem Tuch abdecken und befestigen. Das Gelee inmitten von 4 Quitten, die auf einem Teller oder in einer Box liegen, überreichen.

Reinecloden-konfitüre mit Calvados
Großmutters Quittengelee

Fein und fruchtig

Apfelgelee mit Cidre und Calvados

Zutaten für 6 Gläser à 250 ml:
2 kg säuerliche, unreife Äpfel
1 Flasche Cidre
1 Stück unbehandelte Zitronenschale
Gelierzucker nach Saftgewicht 1:1
1 Glas Calvados

Äpfel vierteln. Mit Cidre bedecken und mit der Zitronenschale in 20 Minuten weich kochen. Über Nacht durch ein Mulltuch abtropfen lassen. Den gewonnenen Saft wiegen. Mit gleicher Menge Zucker verrühren. Unter Rühren aufkochen, bis der Zucker sich gelöst hat. 4 Minuten sprudelnd kochen lassen. Gelierprobe machen. 1 Glas Calvados zugeben. Heiß in Gläser füllen und sofort mit Einmach-Cellophan oder Twist-off-Deckeln verschließen.

Zum Verschenken Etiketten beschriften und auf die Gläser kleben. Geleeglas in ein Kistchen mit Äpfeln stellen, wer möchte, kann die Äpfel mit buntem Seidenpapier umwickeln. Wer noch etwas mehr ausgeben möchte, kombiniert den Gelee und die Äpfel noch mit einer Flasche Cidre oder Calvados.

Hagebuttenmarmelade

Zutaten für 2,5 kg Marmelade:
1,5 kg Hagebutten
750 g grüne Äpfel
200 ml Wasser
100 ml Rotwein
1,2 kg Zucker

Beim Arbeiten mit den Hagebutten dünne Plastikhandschuhe tragen, weil die feinen Härchen einen schrecklichen Juckreiz hervorrufen. Die Hagebutten waschen, putzen und aufschneiden und die Kerne vorsichtig entfernen. Hagebutten grob zerschneiden, die Äpfel grob raffeln. Hagebutten, Äpfel, Wasser, Rotwein und Zucker etwa 30 Minuten kochen. Durch ein feines Sieb streichen. Nochmals aufkochen, heiß in vorgewärmte Gläser füllen und verschließen.

Zum Verschenken in 250-ml-Gläser füllen, den Deckel unter einem Spitzendeckchen aus Papier oder aus einem hübschen Stoff verstecken und mit einem Hagebuttenzweig, an dem sich noch Früchte befinden, festbinden.

Advent, Advent, ein Lichtlein brennt

Adventskalender

Für den Lebkuchenteig:
500 g brauner Zucker
500 g Honig
325 g Butter
1,15–1,25 kg Mehl
3 gehäufte EL Lebkuchengewürz
2 gestrichene EL Kakao
2 Eier
2 TL Pottasche
5 EL Rum oder Weinbrand
Für die Verzierung:
500 g Puderzucker
Saft von 1–2 Zitronen
Süßigkeiten zum Verstecken
nach Belieben farbiger Fruchtsirup oder Lebensmittelfarbe
Außerdem: Mehl zum Ausrollen

In einem großen Topf Zucker, Honig und Fett erwärmen. Dabei ständig rühren. Sobald sich der Zucker aufgelöst hat, die Masse in eine Rührschüssel füllen und abkühlen lassen. Zuerst nur etwa 1 kg vom Mehl zusammen mit dem Lebkuchengewürz, dem Kakao und den Eiern unter den Teig kneten. Das geht am besten mit den Knethaken des Handrührers. Die Pottasche mit dem Alkohol verrühren, bis sie sich aufgelöst hat. Ebenfalls unter den Teig kneten. Nun noch eßlöffelweise so viel Mehl einarbeiten, bis der Teig nicht mehr klebt. Mit Folie abdecken und über Nacht im Kühlschrank ruhen lassen. Den Backofen auf 200 °C vorheizen. Die Arbeitsfläche dünn mit Mehl bestäuben. Darauf die Hälfte des Teiges zu einem etwa 40x30 cm großen Rechteck ausrollen. Auf das mit Backpapier belegte Blech legen. Die Teigplatte im vorgeheizten Backofen etwa 25 Minuten backen. Zwischendurch immer mal wieder in den Backofen schauen, ob der Teig Blasen wirft. Dann mit einem Messer oder einer großen Nadel einstechen, damit die Blasen zurückgehen. Fertige Platte samt Papier vom Blech ziehen, abkühlen lassen. Den restlichen Teig etwa 1 cm dick ausrollen. Verschiedene Tannenbäumchen ausstechen. Für den 24. Dezember ein besonders großes Bäumchen ausstechen. Die einzelnen Bäumchen wiederum auf ein mit Backpapier belegtes Blech legen und wie die Lebkuchenplatte backen. Vom Blech lösen und abkühlen lassen.
Für die Glasur den Puderzucker mit so viel Zitronensaft glattrühren, daß eine zähflüssige Masse entsteht. Die Bäumchen mit Lebensmittelfarbe grün einstreichen und mit anderen Farben verzieren. Etwas weißen Guß in eine kleine Plastiktüte füllen und an einer Ecke ein winziges Stück abschneiden. Die Bäumchen mit Zahlen von 1 bis 24 beschriften. In die Teigplatte 24 runde Löcher schneiden und Süßigkeiten wie Bonbons oder Gummibärchen darin versenken. Die Bäumchen mit Zuckerguß über die Löcher kleben. Jeden Tag ein Bäumchen mit einem kleinen Messer vorsichtig ablösen und sich schmecken lassen.

Da der Adventskalender gut ohne Verpackung auskommt, nur wenn es unbedingt für einen Transport sein muß, in Folie oder einem Tuch eingeschlagen verschenken.

Am 6. Dezember

Nikolausstiefel

1 Würfel Hefe
1 TL Zucker
150 ml lauwarme Milch
500 g Weizenmehl
75 g Butter
75 g Zucker
1 Päckchen Vanillezucker
etwas Salz
1 Ei
Fett für das Blech
Zum Bestreichen:
1 Eigelb
1 TL Wasser
Als Verzierung:
Mohn, Sesam- und Leinsamen, Sonnenblumenkerne, abgezogene Mandeln, Walnußkerne, Puderzucker, Zuckerstreusel, Lakritz, Gummibärchen und andere Süßigkeiten nach Belieben

Die Hefe und 1 Teelöffel Zucker mit der Milch sehr sorgfältig anrühren und 15 Minuten bei Zimmertemperatur stehen lassen. Mehl in eine Schüssel sieben, Butter zerlassen. Zucker, Vanillezucker, Salz, Ei, Butter und die angerührte Hefe dazugeben. Mit den Knethaken eines Handrührgerätes zunächst auf niedriger, dann auf höchster Stufe in etwa 5 Minuten zu einem glatten Teig verarbeiten. An einem warmen Ort gehen lassen, bis sich die Menge verdoppelt hat.
In der Zwischenzeit einen Stiefel aus Pappe als Schablone ausschneiden, der etwa 40 cm lang ist. Teig etwa 1 cm dick in L-Form ausrollen und die Schablone darauflegen. Stiefel aus dem Teig schneiden, auf ein gefettetes Backblech legen und mit dem Eigelb, das mit etwas Wasser verdünnt wurde, bestreichen. Aus einem Teil des Teigrestes Rollen formen, um Stulpen und Absatz zu formen. Den Stiefel damit belegen. Den Stiefel mit dem restlichen Eigelb bestreichen, mit Mohn, Sesam- und Leinsamen, Sonnenblumenkernen, Mandeln, Nüssen belegen. Den Backofen auf 200 bis 225 °C vorheizen und den Stiefel in 25 bis 20 Minuten backen. Nach Belieben noch mit Puderzucker und anderen Süßigkeiten belegen, die mit Zuckerguß aufeinandergeklebt werden.

Zum Verschenken aus festem farbigem Papier eine Tüte herstellen, mit einer Schnur verschließen, den Stiefel hineinlegen und eine Rute dazugeben.

FÜR NICO

Zum Weihnachtsfest

Kleine Stollen

Zutaten für 4 kleine Stollen:

- 550 g Mehl
- 1 Würfel Hefe
- 100 g Zucker
- ⅛ Liter lauwarme Milch
- 200 g weiche Butter
- 2 Päckchen Vanillezucker
- abgeriebene Schale von ½ unbehandelten Zitrone
- je 1 Prise gemahlene Nelken und Muskatblüte
- 1 Prise Salz
- je 50 g gehackte, geschälte Mandeln und Rosinen
- 300 g Marzipanrohmasse

Außerdem:

- Mehl zum Formen
- 100 g Butter zum Bestreichen
- Puderzucker zum Bestäuben

Das Mehl in eine Schüssel sieben, in die Mitte eine Vertiefung drücken. Da hinein die Hefe bröckeln, etwas Zucker darüberstreuen, die Milch dazugießen. Alles von der Mitte her zu einem dicken Brei verrühren, bis sich die Hefe aufgelöst hat. Den Vorteig zugedeckt etwa 20 Minuten gehen lassen.

Den übrigen Zucker zum Teig geben. Das Fett zusammen mit Vanillezucker, Zitronenschale, Nelken, Muskatblüte und Salz hinzufügen. Alles mit dem Knethaken des Handrührers auf höchster Stufe schlagen, bis der Teig Blasen wirft und sich leicht vom Schüsselrand löst. Zugedeckt nochmals 45 Minuten gehen lassen. Die Arbeitsfläche mit etwas Mehl bestäuben. Nun Mandeln und Rosinen unter den Teig kneten. Den Teig dann vierteln und auf der Arbeitsfläche jeweils zu einem kleinen Oval flachdrücken. Die Marzipanmasse ebenfalls vierteln, jeweils zu einer kleinen Rolle in der Länge der Ovale formen. In die Teigmitte legen. Eine Teighälfte über die andere schlagen und typische Stollen formen. Auf ein mit Backpapier ausgeschlagenes Blech legen, mit einem Tuch abdecken und nochmals 40 Minuten gehen lassen.

Backofen auf 175 °C vorheizen. Die Butter zerlassen und die Stollen etwa mit der Hälfte davon bestreichen. Das Blech in den Ofen schieben (untere bis mittlere Schiene) und die Stollen etwa 45 Minuten backen. Aus dem Ofen nehmen und mit der restlichen Butter bestreichen. Auf ein Kuchengitter setzen, dick mit Puderzucker bestäuben und vollkommen abkühlen lassen. Die Stollen in Folie oder in spezielle Stollenschläuche einpacken und mindestens 14 Tage durchziehen lassen.

Zum Verschenken Stollen in Folie verpacken, an den Enden zu Zipfeln zusammendrehen und mit goldenen Schleifchen zubinden. Folie mit goldenen Sternen oder anderen Weihnachtsmotiven bekleben.

Tannenbaumschmuck

Zutaten für den Butterteig:
300 g Mehl
150 g Zucker
1 Päckchen Vanillezucker
2 Eigelb oder 1 Ei
1 Prise Salz
200 g Butter oder Margarine
Für die Glasur:
250 g Puderzucker
1 Eiweiß
einige Tropfen Wasser oder Fruchtsirup
ein wenig Eigelb oder Lebensmittelfarbe zum Einfärben
Zum Verzieren:
ganz nach Belieben feine Liebesperlen, kleine Schokolinsen, Zuckerblümchen, Schokoladenstreusel, Krokantstreusel oder farbige Zuckerstreusel
Außerdem:
Mehl zum Ausrollen des Teiges
Fett oder Backpapier für das Backblech
1 dicke Strick- oder Stopfnadel

Für den Butterteig: Das Mehl mit dem Zucker und dem Vanillezucker auf die Arbeitsfläche häufen. Eigelb oder Ei in die Mitte setzen, das Salz hinzufügen und das Fett in kleine Stücke schneiden und drumherum verteilen. Alles mit einem großen Messer gut durchhacken. Dann mit den Händen rasch zu einem festen Teig verkneten. Den Teig in Folie wickeln und 1 bis 2 Stunden im Kühlschrank ruhen lassen.
Den Backofen auf 175 °C vorheizen. Den Teig portionsweise auf der leicht bemehlten Arbeitsfläche gut ½ cm dick ausrollen. Ganz beliebige weihnachtliche Plätzchenformen ausstechen und auf ein gefettetes oder mit Backpapier belegtes Blech legen.
Die Plätzchen im vorgeheizten Backofen in etwa 12 Minuten goldgelb backen. Kurz auf dem Blech liegen lassen, dann mit einer Palette ablösen. Nun mit einer dicken Nadel jeweils ein Loch durchstechen, durch das man später einen Faden zum Aufhängen ziehen kann. Das Durchstechen muß geschehen, solange die Plätzchen noch warm sind, später wird der Teig zu fest, und die Plätzchen brechen.
Für die Glasur: Den Puderzucker mit dem Eiweiß in eine hohe Schüssel füllen. Mit den Schneebesen des Handrührgeräts auf höchster Stufe schlagen, bis eine feste cremige Glasur entstanden ist.
Die Eiweißglasur nun nach Belieben mit einigen Tropfen Flüssigkeit glattrühren und einfärben. Die Masse soll zähflüssig, aber gut verstreichbar sein. Die Plätzchen damit bestreichen. Den Guß leicht antrocknen lassen und dann nach Belieben mit feinem Zuckerwerk verzieren. Gut trocknen lassen, erst dann einen Faden zum Aufhängen einziehen.

Zum Verschenken entweder Tannenbaumschmuck auf einen Fichtenzweig oder auf ein kleines Tannenbäumchen im Blumentopf hängen. Oder die Tannenbaumanhänger in einer mit Weihnachtspapier ausgelegten Box bruchsicher verschenken.

FÜR
ONKEL
TONI

Knusperhaus

Teig für das Haus:
750 g Honig, 300 g Butter
350 g brauner Zucker
1,5 kg Weizenvollkornmehl
2 TL Weinsteinbackpulver
1 EL Honigkuchengewürz, 3 Eier
Teig für die Platte:
350 g Honig, 50 g Butter
50 g brauner Zucker
500 g Weizenvollkornmehl
2 TL Weinsteinbackpulver
1 TL Honigkuchengewürz, ⅛ Liter Milch
Mehl zum Ausrollen
Zur Montage des Häuschens:
etwa 300 g brauner Zucker
1 Eiweiß
Für die Dekoration:
6 Zimtstangen
verschiedene Nüsse und Kerne, Kekse,
verschiedene Trockenfrüchte, Kokosraspel

Für das Haus: Honig mit Butter und Zucker in einem Topf erhitzen, bis sich der Zucker gelöst hat. Etwas abkühlen lassen. Mehl mit Backpulver und Gewürzmischung in einer Schüssel mischen. Eier und Honigmasse nach und nach zugeben und mit den Händen zu einem glatten Teig verkneten. Abgedeckt mindestens 2 Stunden im Kühlschrank ruhen lassen, besser über Nacht.
Für die Teigplatte: Die Zutaten für die Teigplatte ebenso zubereiten wie die für das Haus, allerdings anstelle der Eier die Milch zugeben. Teig mindestens 2 Stunden oder über Nacht ruhen lassen. Den Teig für das Haus auf einer bemehlten Arbeitsfläche gut ½ cm dick ausrollen, mit einem Messer oder Teigrädchen sechs Rechtecke von 20x15 cm und zwei gleichschenklige Dreiecke für die Giebel von 20x15x15 cm ausschneiden. Den Backofen auf 200 °C vorheizen und die Teigplatten nacheinander auf einem mit Backpapier belegten Blech in 10 bis 15 Minuten backen. Herausnehmen und abkühlen lassen. Den Teig für die Bodenplatte gleichmäßig auf dem Blech ausrollen und ebenfalls bei 200 °C 10 bis 15 Minuten im vorgeheizten Backofen backen.
Zur Montage der Teile den Zucker im Blitzhacker pulverisieren. Eiweiß zu Schnee schlagen, den Zucker nach und nach zugeben, bis eine braune, zähe Masse entstanden ist. Den Grundriß des Hauses (20x15 cm) in die Oberfläche der Bodenplatte eindrücken. Die Giebelwände durch 2 rechteckige Platten mit der Zuckermasse verbinden. Die unteren Ränder mit der Zuckermasse mit der Bodenplatte verkleben. Platten miteinander von innen fest verkleben und trocknen lassen. Für das Dach zwei feste Pappen (je 20x30 cm) zuschneiden und jeweils 2 rechteckige Kuchenplatten nebeneinander mit Zuckermasse aufkleben und antrocknen lassen. Die Dachteile ebenfalls mit der Zuckermasse auf das Haus kleben und mit Zimtstangen als Säulen abstützen. Bis zum Festwerden das Dach mit Gläsern abstützen.
Für die Dekoration: Nüsse, Kerne, Mandeln und Trockenfrüchte oder andere Süßigkeiten mit Zuckermasse an das Häuschen kleben.

Zum Verschenken Knusperhaus in Folie verpacken oder in einen Karton setzen.

Weihnachtskuchen

Zutaten für eine Form von
24 cm Durchmesser:

Für den Teig:
- 180 g Mehl
- 1 Messerspitze Salz
- 120 g kalte Butter
- Mehl zum Ausrollen

Für die Füllung:
- 3 Eier
- 30 g Butter
- 80 g Weizenmehl
- 2 Vanilleschoten
- 2 Prisen Salz
- 80 g Zucker
- 400 g Zuckerrübensirup
- 180 g gehackte Pecannußkerne

Zum Belegen:
- 70 g Pecannußhälften

Für den Teig: Mehl, Salz, Butter in Flöckchen und 4 Eßlöffel kaltes Wasser schnell zu einem glatten Teig verkneten. Abgedeckt 1 Stunde kalt stellen. Eine Pie-Form mit Backpapier auslegen. Den Teig auf wenig Mehl ausrollen, dabei 5 cm mehr Rand stehen lassen als die Größe der Form, und Teig in die Form legen, daß der Rand hochsteht.
Für die Füllung: Eier, zerlassene Butter, Mehl und ausgekratztes Vanillemark, Salz, Zucker und Sirup in einer Schüssel aufschlagen. Gehackte Pecannüsse auf dem Teigboden verteilen. Die Füllung auf den Boden streichen und mit den ganzen Kernen gleichmäßig belegen. Im vorgeheizten Backofen bei 220 °C 10 Minuten backen. Dann auf 170 °C zurückstellen und noch 40 Minuten weiterbacken. Herausnehmen und erkalten lassen. Dieser Kuchen ist im Kühlschrank 2 Wochen haltbar.

Zum Verschenken den Pie auf einen großen flachen Teller legen und mit getrockneten, in Spiralen geschnittenen Orangenschalen umlegen. Wer möchte, kann den Teller dann noch in Folie einschlagen und oben zusammenbinden oder in einer Pappschachtel verschenken.

Weihnachtspastete

Zutaten für eine Pastetenform von 1,5 Liter Inhalt oder 3 kleine von ½ Liter:

- 400 g Rinderhack
- 150 g gekochter Schinken
- 150 g Leberpastete
- 1 gehackte Zwiebel
- 3 feingehackte Knoblauchzehen
- 1½ TL Salz
- reichlich Pfeffer
- je 1 gestrichener TL Zimt, Nelkenpulver, Muskat
- abgeriebene Schale von 1 unbehandelten Zitrone
- abgeriebene Schale von 1 unbehandelten Orange
- 2 Eier
- 125 g Crème double
- 2 EL Kartoffelstärke
- 1 gewürfelter Apfel
- 70 g Sultaninen
- 2 EL Calvados

Für den Überzug:

- 8 Blatt Gelatine
- ¼ Liter heiße Brühe
- ⅛ Liter Sherry

Für die Dekoration:

- 1 unbehandelte Orange
- 1 unbehandelte Zitrone
- 1 rote Paprikaschote
- Lorbeerblätter
- Nelken
- weiße Pfefferkörner
- Rosmarinzweig

Rinderhack mit dem feingeschnittenen Schinken und der Leberpastete gut vermischen. Zwiebel und Knoblauch sowie Salz und Pfeffer, Zimt, Nelken und Muskat zufügen. Dann die Zitronen- und Orangenschale, die Eier, die Crème double und die Kartoffelstärke gründlich darunterrühren. Die Apfelwürfel und die Sultaninen zum Schluß mit dem Calvados daruntermischen. Die Masse entweder in eine große oder drei kleine schöne Pastetenformen mit Deckel füllen. Mit Alufolie dicht verschließen oder einen Deckel aufsetzen. In eine mit heißem Wasser gefüllte Fettpfanne setzen und bei 200 °C im Backofen garen. Die große Form benötigt 1½ Stunden, die kleinen etwa halb so lang. Abkühlen lassen und über Nacht in den Kühlschrank stellen.

Für den Überzug: Gelatine in Wasser einweichen. Die Brühe durch ein mit Küchenpapier ausgelegtes Sieb gießen, damit sie klar wird. Mit dem Sherry verrühren, Gelatine ausdrücken und darin auflösen. Sobald das Gelee anfängt fest zu werden, eine dünne Schicht auf die Pastete gießen. Fest werden lassen.

Für die Dekoration: Von den gewaschenen und abgetrockneten Zitrusfrüchten die Schale dünn abschälen. Die Paprikaschote putzen, waschen und halbieren. Mit kleinen Ausstecherförmchen Sterne und Monde ausstechen. Die Pastete mit Orangen-, Zitronen- und Paprikasternen, Lorbeerblättern, Nelken und weißen Pfefferkörnern verzieren. In die Mitte einen Rosmarinzweig legen.

Die Pastete in der Form verschenken.

Für Michaela &
Fabian

Glücksbringer zur Silvesterparty

Schweinchen
Zutaten für 4 Schweinchen:

Für den Teig:
500 g Mehl
30 g Hefe
1 TL Salz
½ TL Zucker
⅛ Liter Milch
100 ml Wasser
75 g Butter
1 Ei
Für die Füllung:
je 100 g feingeschnittener Lauch (Porree)
und Champignons
etwas Butter
je 150 g gemischtes Hackfleisch und
Schweinemett
Salz, Pfeffer
1 durchgepreßte Knoblauchzehe
1 TL gekörnte Brühe
1 Bund Dill, gehackt
1 Ei
Außerdem:
Mehl zum Ausrollen
1 Eigelb, Milch

Das Mehl in eine Schüssel sieben und in eine Vertiefung die Hefe bröckeln. Salz, Zucker und etwas Milch-Wasser-Gemisch zugeben. Mit etwas Mehl zu einem dicklichen Brei verrühren und gehen lassen. Die Butter schmelzen und wieder abkühlen lassen. Danach restliche Flüssigkeit, das Ei sowie die Butter zugeben und zu einem Teig verkneten. An einem warmen Ort zugedeckt bis zur doppelten Größe gehen lassen.
Inzwischen Lauch und Champignons in einer Pfanne in Butter leicht dünsten. Hackfleisch und Schweinemett zufügen und alles gut anbraten. Mit Gewürzen und gekörnter Brühe abschmecken. Dill und Ei unter die abgekühlte Masse geben. Den aufgegangenen Teig noch einmal kurz durchkneten und auf einer bemehlten Fläche dünn ausrollen. Nach zuvor angefertigten Schablonen acht Schweinchenformen ausschneiden. Die Füllung auf vier Schweinchenhälften verteilen, den Rand mit Eigelb bestreichen und je eine zweite Schweinchenform daraufsetzen und die Ränder zusammendrücken. Zum Schluß den Teig mit Eigelb und dem Milch-Gemisch bestreichen, mehrmals einstechen und nochmals kurz gehen lassen. Im vorgeheizten Herd bei 200 °C etwa 20 Minuten backen.

Als Mitbringsel Schweinchen auf eine Platte legen und mit Silvestermotiven dekorieren.

EIN
GUTES
NEUES
JAHR

Alles Gute zum neuen Jahr

Neujahrsbrezel

125 g Quark
5 EL Öl
5 EL Milch
40 g Zucker
1 Päckchen Vanillezucker
1 unbehandelte Zitrone
250 g Mehl
½ Päckchen Backpulver
100 g Rosinen
1 Eigelb

Quark über Nacht auf einem Sieb abtropfen lassen, dann mit Öl, Milch, Zucker, Vanillezucker und abgeriebener Zitronenschale verrühren. Die Hälfte des Mehls mit dem Knethaken des Rührgerätes unterrühren. Restliches Mehl, Backpulver und Rosinen mit den Händen unterkneten. Aus dem Teig eine etwa 60 cm lange Rolle formen und zu einer Brezel zusammenfügen. Eigelb mit etwas Wasser verquirlen und die Brezel damit bestreichen. Die Brezel auf ein mit Backpapier ausgelegtes Blech legen. Blech in den Backofen schieben, auf 200 °C schalten und etwa 25 Minuten backen. Die Rosinenbrezel auf einem Kuchengitter abkühlen lassen.

Zum Mitbringen beim Neujahrsbesuch die Brezel an eine Flasche Sekt oder Champagner hängen und beim gemeinsamen Anstoßen auf das neue Jahr unter den Anwesenden aufteilen.

Alles Gute
zum Neuen Jahr
für unsere Freunde

Für ein ganz besonderes Ereignis

Croquembouche mit Champagner

Für den Brandteig:
90 g Mehl, 1 Messerspitze Salz
50 g Butter, 2 Eier
Für die Füllung:
2 EL Maisstärke, 1 EL Mehl
480 g Puderzucker
150 ml Milch, 1 Eigelb
2 EL Calvados
250 g geschlagene süße Sahne
Öl für das Blech
1 Flasche Champagner

Den Ofen auf 200 °C vorheizen und zwei Backbleche einfetten.

Für den Brandteig: Das Mehl und das Salz mischen. Die Butter mit ⅛ Liter Wasser in einem Topf schmelzen lassen, erhitzen und das Mehl mit dem Salz auf einmal hineingeben und kräftig rühren, bis sich der Teig als Ganzes vom Topfboden löst. Teig aus dem Topf nehmen und die Eier hineinrühren. Den Teig in eine Spritztüte mit mittelgroßer Tülle geben und 24 Häufchen auf ein Blech spritzen. Mit angefeuchteten Fingern die Spitzen der Häufchen glattstreichen. Blech in den Backofen stellen und 25 Minuten backen, bis die Häufchen goldbraun sind. Dann jedes Häufchen mit einem Metallspieß einstechen, so daß es ganz durchdrungen wird und danach noch 5 Minuten backen. Auf einem Kuchengitter auskühlen lassen.

Für die Füllung: Die Maisstärke, das Mehl und 30 g Puderzucker mit wenig Milch gut verrühren, das Eigelb dazugeben und zu einer glatten Creme verrühren. Die restliche Milch über diese Creme geben, unter ständigem Rühren erhitzen, bis die Creme dicklich wird. In eine Schüssel geben und auskühlen lassen. Den Alkohol unterrühren und 150 ml von der Sahne unterheben. Kalt stellen.

In jedes Brandteighäufchen vom Boden her ein Loch bohren und die Creme mit Hilfe einer Spritztüte mit Tülle in die Häufchen spritzen.

Die Hälfte des restlichen Zuckers in etwas Wasser erhitzen und so lange kochen, bis er hellbraun wird. Während der Zucker karamelisiert, eine Flasche Champagner auf ein gefettetes kleines Tablett stellen und mit Backpapier umwickeln. Sobald das Karamel fertig ist, von der Feuerstelle nehmen. Jedes einzelne Brandteighäufchen auf eine Gabel spießen und in den flüssigen Zucker tauchen. Sofort um die Champagnerflasche herum anordnen, daß die Häufchen die Form eines Flaschenkühlers annehmen und zusammenkleben. Für die zweite Hälfte den restlichen Zucker ebenfalls karamelisieren lassen und mit den restlichen Brandteighäufchen ebenso verfahren. Wenn alle Häufchen um die Flasche gesetzt sind, den restlichen Karamel auf ein gefettetes Backpapier gießen, erstarren lassen und in kleine Stücke brechen und als „Eis" auf die obere Reihe der Brandteighäufchen kleben. Sobald der Brandteig-Flaschenkühler fest geworden ist, die Champagnerflasche vorsichtig entfernen und Flasche wie auch Kühler kalt stellen. Zum Verschenken die gekühlte Flasche wieder zurückstellen. Die Lücken zwischen den Häufchen mit kleinen Tupfen Sahne ausspritzen. Auf ein silbernes Tablett stellen und überreichen.

Die Rezepte alphabetisch

Die Rezepte nach Gruppen

Bildquellen

Bildagentur Eising: 2, 4
Gruner & Jahr Fotoservice: 12, 13
Sigloch Bildarchiv: Spiegelhalter 68; C.L. Schmitt 82;
Hans Joachim Döbbelin 9, 10 sowie alle Rezeptfotos der ungeraden Seiten von 15 bis 91
Tony Stone Images: Ken Fisher 7

 Printed in Germany
Reproduktion: Otterbach Repro, Rastatt
Satz: Sigloch Edition, Künzelsau
Druck: W. Kohlhammer, Stuttgart
Papier: 135 g/m² BVS chlorfrei der Papierfabrik Scheufelen, Lenningen
Bindearbeiten: Sigloch Buchbinderei, Künzelsau
ISBN 3-89393-087-6

In dieser Kochbuchreihe sind bereits erschienen:

Jeder Band 112 Seiten, Format 16 × 22 cm,
fünffarbig gedruckt auf Kunstdruckpapier.
Hochwertiger Einband mit eingelegtem Titelbild und Leseband.